La bibliothèque Gallimard

Sources des illustrations
Couverture : Coll. Georges Barrière – Ph. © Améziane Yahia.
6 : Ph. © Coll. Viollet. 7, 86 : Ph. © Lipnitzki-Viollet. 14 : Ph. © Ramon Senera / Enguerand. 45 : © Méthode Assimil. 90, 91 : D.R. 120 : Musée des Beaux-Arts, Béziers – Ph. Lauros-Giraudon © Adagp, Paris 1998. 124 : Ph. © Yves Guibeaud.

Eugène Ionesco

La cantatrice chauve

Lecture accompagnée par
Martine Cécillon,
professeur de lettres modernes
en lycée à Guingamp

La bibliothèque Gallimard

Florilège

« Le yaourt est excellent pour l'estomac, les reins, l'appendicite et l'apothéose » (Mme Smith).

« Comme c'est bizarre, que c'est curieux et quelle coïncidence ! » (Mme Martin).

« Tiens on sonne… Ça doit être quelqu'un » (M. Smith/Mme Smith).

« Celui qui vend aujourd'hui un bœuf, demain aura un œuf » (M. Martin).

« Prenez un cercle, caressez-le, il deviendra vicieux ! » (M. Smith).

« J'aime mieux un oiseau dans un champ qu'une chaussette dans une brouette » (Mme Martin).

« Le papier c'est pour écrire, le chat c'est pour le rat. Le fromage c'est pour griffer » (M. Martin).

« On peut prouver que le progrès social est bien meilleur avec du sucre » (M. Martin).

« Les cacaoyers des cacaoyères donnent pas des cacahuètes, donnent du cacao ! » (Mme Martin).

« Touche pas ma babouche !/ Bouge pas la babouche !/ Touche la mouche, mouche pas la touche./ La mouche bouge./ Mouche ta bouche » (Mme Martin/M. Martin/M. Smith/Mme Martin/Mme Smith).

Ouvertures

Un Roumain à Paris

11 mai 1950, « un coup de gong » (selon Jacques Lemarchand) au théâtre des Noctambules : la troupe de Nicolas Bataille donne la première représentation de *La Cantatrice chauve* de Ionesco. Depuis 1957, la pièce est représentée tous les soirs de façon ininterrompue au théâtre de la Huchette ! Un texte universel pour une expérience unique…

« Le thème de la vie, c'est le rien »

Dans les années cinquante, la prise de conscience de l'inhumanité de l'homme atteint son apogée. Le totalitarisme stalinien en URSS, la guerre d'Espagne et l'instauration de la dictature franquiste, la Seconde Guerre mondiale, les camps d'extermination nazis, la menace atomique – la ville d'Hiroshima détruite en quelques secondes par une bombe américaine… –, les crimes contre l'humanité et la division du monde en deux blocs Est/Ouest donnent à l'Histoire des reflets d'horreur inénarrables. C'est la monstruosité et l'absurdité que l'homme voit dans son propre miroir.

Au début de la guerre, Ionesco écrit dans son journal :

❰❰ Si je pouvais me défaire de cette vie. La grâce et l'amour sont morts. Je devrais arracher tout ça de mon cœur et mon cœur avec. Dieu ou le suicide. Il n'y aura plus de printemps. **❱❱**

5

16 mai 1950 : création de *La Cantatrice chauve* aux Noctambules. Cette affiche, conçue pour annoncer l'événement, donne des informations : la courte durée de la représentation, l'indication « anti-pièce ». Que peut signifier ce sous-titre ? Et que pensez-vous de la mention « Série limitée » ?

Il est désormais difficile de croire en l'humanité et l'art ne peut que subir les ondes de ces séismes : cette perte des valeurs humaines se ressent jusque dans le langage, qui devient un moyen de mettre en question l'univers de l'homme.

À ce contexte historique s'ajoute cependant l'expérience personnelle de Ionesco ; la genèse de *La Cantatrice chauve* est avant tout une expérience intime de l'auteur avec les mots : le langage ludique aux portes du tragique. Dans son œuvre de jeunesse *Non* (1934) – œuvre polémique sous forme de journal et composée de critiques littéraires de quelques auteurs roumains de l'époque –, il exprimait sur un ton ludique l'exigence de critères absolus.

Eugène Ionesco,
en 1956.

L'avant-garde théâtrale

L'angoisse existentielle et la culpabilité confuse qui rongent les intellectuels de l'époque se nourrissent d'un sentiment de dérision. La tentation du néant est grande et Jean Genet ne voit dans l'écriture qu'une « architecture de vide et de mots ». Le théâtre perd ses perspectives conventionnelles et s'inscrit alors dans les limites de son outil même : le langage. Il s'agit de montrer l'angoisse par les mots eux-mêmes et non plus par la fable dramatique : ce sont les « situations de langage » dont parle le critique Roland Barthes.

Le théâtre d'avant-garde semble naître d'une lassitude. Ionesco, dans *Notes et contre-notes*, insiste sur les « systèmes d'expression [qui] se sont fatigués et usés » et sur l'idée d'un nécessaire renouvellement de l'écriture dramatique. Il définit ainsi ce nouveau théâtre :

« Le véritable théâtre dit d'avant-garde ou révolutionnaire est celui qui, s'opposant audacieusement à son temps, se révèle comme inactuel, il rejoint le fond commun comme universel […] et étant universel, il peut être considéré comme classique […] Le but est de retrouver, de dire la vérité oubliée. »

Antonin Artaud, dans *Le Théâtre et son double*, publié en 1938, est sans nul doute à l'origine des réflexions de Ionesco, qui le cite d'ailleurs dans *Notes et contre-notes* à propos de la pluralité des langages.

Ce théâtre d'avant-garde est aussi qualifié de « **théâtre de l'absurde** ». Mais comment expliquer et définir cette écriture alors nouvelle, Ionesco accordant lui-même fort peu de valeur à cette dénomination ?

« On a dit que j'étais un écrivain de l'absurde ; il y a des mots comme ça qui courent les rues, c'est un mot à la mode qui ne le sera plus. »

Nicolas Bataille, acteur et premier metteur en scène de *La Cantatrice chauve*, pense encore aujourd'hui que « c'est une étiquette donnée dix ans après en France, par souci de classification » (entretien du 6 février 1998 avec Martine Cécillon). On ne peut pourtant nier l'influence de certains auteurs ; Ionesco, dans ses *Entretiens* avec Claude Bonnefoy, évoque notamment celle de Kafka. Ces lectures lui permettent d'apprécier les notions de fausse culpabilité et de monstruosité de l'homme. Par ailleurs, Albert Camus, écrivain contemporain de Ionesco, contribue à développer cette philosophie de l'absurde avec son essai *Le Mythe de Sisyphe*, son récit *L'Étranger*, et deux textes dramatiques, *Caligula* et *Le Malentendu*. Mais l'« absurde » de Ionesco, de Samuel Beckett et d'Arthur Adamov, dramaturges de l'avant-garde, diffère profondément de celui de Camus par le traitement, la mise en doute radicale et l'explosion du langage.

Ce « conflit larvé entre la nécessité de vivre et la panique de vivre, une sorte d'angoisse du commencement, un accouchement interminable à l'existence », pour reprendre la définition du théâtre de l'absurde proposée par le critique Jean-Marie Domenach, correspond parfaitement à l'œuvre de Ionesco. Le dramaturge, quant à lui, met l'accent sur la relation, qui semble paradoxale, entre l'**humour** et ce sentiment de l'absurde, et considère que « le comique étant l'intuition de l'absurde, il [me] semble plus désespérant que le tragique. Le comique n'offre pas d'issue ». Le choix scriptural sera alors celui de la parodie*, de la distorsion entre signifiant et signifié, du décalage et de la démystification. La caricature du langage tend à vider l'homme de son humanité, et à en faire une simple mécanique. Antonin Artaud, dans une note consacrée aux Marx Brothers, rapproche ces deux tonalités que sont l'humour et le tragique :

« Il faudrait ajouter à l'humour la notion d'un quelque chose d'inquiétant et de tragique, d'une fatalité [...] qui se glisserait derrière lui comme la révélation d'une maladie atroce sur un profil d'une absolue beauté. »

Lorsque l'on aborde ces notions de comique et de tragique, on glisse comme vous le voyez vers des dimensions métaphysiques. C'est pourquoi on retiendra que Ionesco veut créer une œuvre **universelle**, atemporelle, qui touche l'âme humaine. L'ancrage d'un texte dans une réalité historique précise ne l'intéresse pas. Dans sa préface au *Colloque de Cerisy*, il écrit :

« Les idéologies changent et meurent, l'œuvre d'art authentique survit à son époque. »

Et d'ajouter :

« Si l'on écrit sur moi, favorablement ou non, je puis oser penser que j'ai au moins murmuré ce qui approche l'essentiel. **»**

Une pièce jouée depuis 1957

Quelle comédie !

Le jeune Ionesco détestait lire le théâtre, ce « mélange inacceptable de vrai et de faux » et considérait qu'il pouvait paraître un genre littéraire inférieur, un genre mineur. Il n'en supportait pas les « grosses ficelles ». Pourtant, dans son enfance, il avait assisté à une représentation de Guignol – spectacle de marionnettes – au jardin du Luxembourg à Paris et était resté pétrifié devant ces pantins animés et ce théâtre « simplifié et caricatural, comme pour en souligner la grotesque et brutale vérité ». Nous retrouvons dans *La Cantatrice chauve* ce concept de personnage pantin.

Peu à peu, cet art très ancien qu'est la comédie paraît incontournable, malgré toutes les réticences qui l'entourent ; c'est le seul lieu possible pour exprimer l'étrangeté du monde. En s'essayant à l'écriture dramatique, Ionesco se met à l'aimer, à être fasciné et à comprendre ce qu'il doit faire : grossir encore plus ces ficelles si décriées jadis par lui-même.

« Le plus gros n'était pas assez gros, le trop peu nuancé était trop nuancé. Si donc la valeur du théâtre était dans le grossissement des effets, il fallait les grossir davantage encore, les souligner, les accentuer au maximum. **»**

Ionesco accorde alors une grande valeur à l'écriture, à la « lumière des mots », même si cette quête est souvent synonyme d'enlisement du langage, de l'expression d'une certaine « difficulté d'être ». Son propos est avant tout de revivifier le langage usé, de pousser les clichés de la langue à leur paroxysme, de signifier l'insolite du quotidien pour mettre à nu l'étrangeté du monde. Quel autre sens donner à la vie ? Comment en révéler les éclairs de beauté ? En accordant une grande liberté à son langage et à celui de ses personnages, Ionesco fait émerger une nouvelle écriture dramatique. Il s'agit de pousser le théâtre « au paroxysme, là où sont les sources du tragique » et de « faire un théâtre de violence : violemment comique, violemment dramatique ».

« Il fallait non pas cacher les ficelles, mais les rendre plus visibles encore, délibérément évidentes, aller à fond dans le grotesque, la caricature, au-delà de la pâle ironie des spirituelles comédies de salon. **»**

La vraie mesure du théâtre est dans la démesure.

Mais où va-t-il chercher tout ça ?
« Ah ! how do you do ! » demande M. Smith au pompier (scène VII). Cette tournure idiomatique anglaise, Ionesco l'apprend dans *L'Anglais sans peine* de la méthode Assimil. Voilà comment lui vient l'idée d'écrire une pièce de théâtre : en essayant d'apprendre l'anglais ! Ce faisant, il découvre des « vérités surprenantes : qu'il y a sept jours dans la semaine, par exemple, ce qu'[il] savai [t] d'ailleurs ; ou bien que le plancher est en bas, le plafond en haut, choses qu'[il] savai [t] également ».

« J'ai sans doute assez d'esprit philosophique pour m'être aperçu que ce n'étaient pas de simples phrases anglaises dans leur traduction française que je recopiais sur mon cahier, mais bien des vérités fondamentales, des constatations profondes. **»**

Cette méthode repose sur des dialogues – proches des répliques théâtrales – entre des personnages fictifs, les Martin et les Smith. Il ressent alors la nécessité d'écrire une pièce pour «communiquer à [ses] contemporains les vérités essentielles dont [lui] avait fait prendre conscience le manuel de conversation».

Une anecdote familiale contribue à alimenter la fable du texte : un jour, Ionesco et sa femme prennent le métro et se trouvent séparés par la foule. Alors que Mme Ionesco réussit à rejoindre son mari, elle feint de ne pas le reconnaître immédiatement et joue à «je vous ai déjà rencontré quelque part». Il se prête au jeu et ils improvisent ainsi une petite saynète : la célèbre scène des retrouvailles des Martin est née.

Le dramaturge précise que pour la conception de ce texte, il n'avait pas de plan défini, si ce n'est la reprise de certaines leçons de la méthode Assimil. Il s'en détache cependant peu à peu et les personnages évoluent bientôt d'eux-mêmes :

« Un phénomène bizarre se passa, je ne sais comment : le texte se transforma sous mes yeux, insensiblement, contre ma volonté. **»**

Les vérités universelles se jouent-elles de lui ?

Chronique d'une cacophonie annoncée

Le dramaturge lit son texte à des amis qui le trouvent très drôle, alors qu'il pensait faire surgir le tragique de l'existence. Toute lecture serait-elle un malentendu, comme le pensait Gide ? Tout le monde s'accorde à dire que le texte est injouable. Pourtant, par l'intermédiaire d'une amie commune, Monique Saint-Côme, Nicolas Bataille, jeune metteur en scène, lit la pièce, rit beaucoup et décide de la monter avec sa troupe. Monique Saint-Côme, Akakia Viala et toute la troupe participent à la mise en scène. Les répétitions sont à la fois le lieu de la mise en espace et le lieu de la réflexion sur la théâtralité du texte.

La mise en scène de Nicolas Bataille provoque de légères modifications sur le texte, en accord avec l'auteur. La suppression, sur scène, de l'anecdote du serpent et du renard – anecdote conservée dans l'édition du texte, à la demande de Ionesco – permet d'accentuer la tonalité comique de la scène VIII : l'acteur mime l'anecdote sans prononcer un seul mot. La fin de la pièce pose quelques problèmes au metteur en scène. Ionesco avait en effet proposé deux fins possibles assez « foudroyantes ». Il s'explique lui-même dans le chapitre de *Notes et contre-notes* consacré à *La Cantatrice chauve* :

« Pendant la querelle des Smith et des Martin, la bonne devait faire de nouveau son apparition et annoncer que le dîner était prêt : tout mouvement devait s'arrêter, les deux couples devaient quitter le plateau. Une fois la scène vide, deux ou trois compères devaient siffler, chahuter, protester, envahir le plateau. Cela devait amener l'arrivée du directeur du théâtre suivi du commissaire, des gendarmes : ceux-ci devaient fusiller les spectateurs révoltés, pour le bon exemple ; puis, tandis que le directeur et le commissaire se félicitaient réciproquement de la bonne leçon qu'ils avaient pu donner, les gendarmes sur le devant de la scène, menaçants, fusil en main, devaient ordonner au public d'évacuer la salle. **»**

L'autre fin proposée ressortissait à la même tonalité mais était plus aisée à mettre en scène :

« Au moment de la querelle des Martin-Smith, la bonne arrivait et annonçait d'une voix forte : « Voici l'auteur ! » Les acteurs s'écartaient alors respectueusement, s'alignaient à droite et à gauche du plateau, applaudissaient l'auteur qui, à pas vifs, s'avançait devant le public, puis, montrant le poing aux spectateurs, s'écriait : « Bande de coquins, j'aurai vos peaux. » Et le rideau devait tomber très vite. **»**

Au théâtre de la Huchette en 1993, la *Cantatrice* est toujours celle qu'a fait connaître Nicolas Bataille en 1950. Le texte de Ionesco, même s'il ne donne pas lieu aux péripéties que l'on s'attend à voir au théâtre, se prête sur scène à de multiples gestes et jeux de regard.

Des problèmes matériels évidents rendent difficilement réalisables ces mises en scène. Le dramaturge ne trouvant pas d'autres fins, les comédiens, lors des répétitions, jouent la pièce en boucle. La pièce recommence au début et, pour montrer le « caractère interchangeable des personnages », Ionesco trouve simplement la lumineuse idée de remplacer, dans le recommencement, les Smith par les Martin. La première représentation de la pièce aura ainsi lieu dans le théâtre de Pierre Leuris, le théâtre des Noctambules, le 11 mai 1950.

Une des filles de Ionesco est née : elle est cantatrice et chauve, et vit toujours au théâtre de la Huchette à Paris. Trois acteurs de la première heure jouent encore leur rôle en alternance avec d'autres : Odette Barrois (Mary), Nicolas Bataille (M. Martin) et Simone Mozet (Mme Martin), Paulette Franz (Mme Smith) et Claude Mansard (M. Smith), et Henri-Jacques Huet (Le pompier).

« Veuillez ouvrir la porte et faites entrer » (scène II)

Un début difficile – Le théâtre d'avant-garde provoque une rupture avec le théâtre classique : il ne pouvait pas avoir une réception unanime et enthousiaste. Cette pièce de la déconstruction, de la destruction et de la « tragédie du langage » n'est pas immédiatement comprise. « De qui se moque-t-on ? » entend dire Jacques Lemarchand, critique littéraire au *Figaro*, à la sortie d'une représentation. Les critiques du moment reprennent en chœur cette impression de spectateur : J. P. Jeener considère que les acteurs font « perdre des spectateurs au théâtre », Jean-Jacques Gautier écrit que les pièces de Ionesco ont le « tort de durer plus de cinq minutes ». Les sifflets, les quolibets et les chaises vides participent de cette incompréhension générale. On ne donne d'ailleurs que vingt-cinq représentations aux Noctambules. Deux critiques, cependant, défendent contre vents et marées *La Cantatrice chauve* : Renée Saurel et Jacques Lemarchand. Des écrivains comme André Breton, Jean Paulhan, Benjamin Péret, Raymond Queneau, Armand Salacrou, Philippe Soupault reconnaissent un dramaturge en la personne de Ionesco. André Breton va même jusqu'à dire :

« Voilà ce que nous aurions voulu faire au théâtre. Nous avons eu une poésie surréaliste, une peinture surréaliste, mais nous n'avons pas eu un théâtre surréaliste, et c'était celui-là qu'il nous fallait. »

Pouvait-on espérer plus beau compliment de la part d'un pair ?

La consécration – La reprise en 1957 à la Huchette remporte peu à peu du succès. On note une évolution progressive du public. Les spectateurs « rive-gauche », artistes et intellectuels, accourent voir ce nouveau théâtre si décrié par des journalistes peu enclins au changement et à la modernité. Ce spectacle attire ensuite un public plus mondain, le « public-vison », comme le surnomme Nicolas

Bataille : il devient de bon ton d'aller applaudir *La Cantatrice chauve*. Le milieu estudiantin contribue aussi au succès ininterrompu de la pièce. De nos jours, les touristes et les classes scolaires remplissent tous les soirs ce petit espace théâtral coincé entre bouquinistes et sandwichs grecs : d'avant-gardiste, la pièce est devenue classique.

Nicolas Bataille, le metteur en scène, nous raconte l'anecdote suivante : il y a vingt ou trente ans, une dame vint voir les acteurs dans leur loge après la représentation et leur fit part de son enthousiasme. Elle expliqua pourtant qu'elle était venue quelque temps auparavant et qu'elle en était sortie furieuse, n'ayant rien compris à la pièce. Une semaine plus tard, invitée chez des amis, elle assista, telle une spectatrice, à une conversation mondaine qui n'était pas sans lui rappeler le salon des Smith et se mit à rire au grand étonnement de ses hôtes. Pour répondre à leurs interrogations, elle les emmena à la Huchette. Et la dame de confier à Nicolas Bataille : « Le miroir a très bien fonctionné, nous avons passé une soirée délicieuse ! »

Ionesco se sent désormais dramaturge et la reconnaissance qu'il reçoit de ses pairs l'encourage à poursuivre dans cette voie de la nouveauté. Il écrit *La Leçon* – pièce également jouée à la Huchette à la suite de *La Cantatrice chauve* dans une mise en scène de Marcel Cuvelier – et *Jacques ou la soumission*. À cette époque, il s'essaie au métier d'acteur et joue dans *Les Possédés* de Dostoïevski, texte adapté par Nicolas Bataille et Akakia Viala. Un vieux rêve mais aussi une façon de confronter les exigences d'un dramaturge aux possibilités d'un acteur... Puis les créations s'enchaînent : la réflexion sur le langage et son enlisement, les mécaniques du théâtre, l'insolite, le vide... Reste une priorité : le délicat équilibre entre comique et tragique.

Avis de lecteurs

D'un avis...

« Et maintenant admirons le surhumain courage de ceux qui, sans une faute, ont retenu, interprété, incarné, sublimé l'anti-pièce de Ionesco. Que feront-ils le jour où, poussés par leurs conquêtes et l'exaltant parfum des Terres Nouvelles, ils découvriront Molière ou Vitrac ? En attendant ils font perdre des spectateurs au théâtre. »

J.-P. Jeener, *Le Figaro*, 13 mai 1950

« Je ne crois pas que monsieur Ionesco soit un génie ou un poète ; je ne crois pas que monsieur Ionesco soit un auteur important ; je ne crois pas que monsieur Ionesco soit un homme de théâtre ; je ne crois pas que monsieur Ionesco soit un penseur ou un aliéné ; je ne crois pas que monsieur Ionesco ait quelque chose à dire. Je crois que monsieur Ionesco est un plaisantin (je ne veux pas croire le contraire, ce serait trop triste), un mystificateur donc, un fumiste. »

Jean-Jacques Gautier, *Le Figaro*,
6 octobre 1955

... l'autre

« C'est le spectacle le plus intelligemment insolent que ne puisse voir quiconque aime mieux le théâtre, mieux la sagesse que ne le font des professeurs, mieux la tragédie qu'on ne la sert au Grand Guignol, et mieux la farce qu'ont ne la fit jamais au Pont-Neuf. Quand nous serons bien vieux, nous tirerons orgueil d'avoir assisté aux représentations de *La Cantatrice chauve* et de *La Leçon*. »

Jacques Lemarchand, *Le Figaro littéraire*,
octobre 1952

« Rien n'arrive, personne n'a rien à dire, c'est tout à fait comme dans la vie. Cette anti-pièce de M. E. Ionesco serait en somme enta-

Histoire et culture au temps d'Eugène Ionesco

	Histoire	Culture	Vie et œuvre d'Eugène Ionesco
1909		Blériot traverse la Manche en avion.	Naissance d'Eugen Ionescu à Slatina (Roumanie).
1910		Première aquarelle abstraite de Kandinsky.	
1911			Les Ionesco s'installent à Paris.
1914	Première Guerre mondiale (jusqu'en 1918).		
1915		Franz Kafka, *La Métamorphose*. Sigmund Freud, *Introduction à la psychanalyse* ; Marcel Proust, *À la recherche du temps perdu*.	
1916			Ionesco père retourne à Bucarest et ne donnera plus de nouvelles à sa famille.
1917	Révolution russe.		
1922	En Italie, arrivée au pouvoir des fascistes avec Mussolini ; en URSS, arrivée de Staline au pouvoir.	James Joyce, *Ulysse*.	
1924		André Breton, *Manifeste du surréalisme*.	
1929			Études de français à l'université de Bucarest. Débuts littéraires.
1932		Antonin Artaud, *Manifeste du théâtre de la cruauté*.	
1933	Accession d'Hitler au pouvoir.		
1934			Publication de *Non* (articles critiques et polémiques)
1936	Front populaire en France. Début de la guerre d'Espagne.	Charlie Chaplin, *Les Temps modernes*.	Enseigne le français puis travaille au ministère de l'Éducation roumain. Mariage avec Rodica Burileanu.
1937		Pablo Picasso, *Guernica* ; André Malraux, *L'Espoir*.	
1939	Installation de la dictature franquiste en Espagne ; Seconde Guerre mondiale.		Installation à Paris.
1940			Retour en Roumanie à cause de la guerre.
1942		Albert Camus, *Le Mythe de Sisyphe*.	Retour en France (Marseille).
1945	1re bombe atomique sur Hiroshima : 100 000 morts ; victoire des Alliés : la		De retour à Paris, il vit de petits travaux.

1947	guerre a fait au moins 40 millions de morts.		
1950		Premier festival d'Avignon créé par Jean Vilar.	***La Cantatrice chauve*** (Nicolas Bataille) aux Noctambules.
1951			*La Leçon.*
1952			*Les Chaises.* **Reprise de la *Cantatrice* au théâtre de la Huchette.**
1953	Mort de Staline.	Beckett, *En attendant Godot.* Naissance du rock'n roll.	*Victimes du devoir.*
1954			*Amédée ou comment s'en débarrasser.*
1955			*Jacques ou la soumission.*
1956	Insurrection à Budapest écrasée par l'armée soviétique.		*L'Impromptu de l'Alma.*
1957			**La Cantatrice chauve et La Leçon reprises de nouveau à la Huchette** (toujours jouées). *L'avenir est dans les œufs.*
1960			*Rhinocéros.*
1962	Fin de la guerre d'Algérie.		*Le roi se meurt.*
1968	Émeutes en France en mai ; Printemps de Prague.		Publication de *Présent-passé.Passé-présent,* de *Découvertes* et du *Conte n°1.*
1970			Entrée à l'Académie française. Publication de trois autres *Contes.*
1973	Conflit israélo-arabe ; cessez-le-feu au Viêt-nam.		*Ce formidable bordel!*
1977		Mouvement punk en Angleterre.	
1979			Parution d'*Un homme en question.*
1980	Guerre Iran-Irak ; guerre civile au Liban.		
1981	Mitterrand (socialiste), élu président. Abolition de la peine de mort.		
1985	Gorbatchev au pouvoir en URSS.		
1988			*Maximilien Kolbe* (opéra) : livret de Ionesco, musique de D. Probst.
1989	Chute du Mur de Berlin.		
1991	Guerre du Golfe.	Popularisation du rap.	
1994			Mort d'Eugène Ionesco.

chée du plus vilain naturalisme si le dialogue n'avait une fantaisie parfaitement bouffonne. Il n'y a pas de situation, pas d'action, les entrées et les sorties ne sont nullement motivées, chacun parle sans espoir d'être écouté, ni compris, chaque personnage vit à peine, dans une sorte de cercueil vertical et transparent, et cela donne, facilement, une pièce intelligente et drôle, fort bien jouée. 》

Renée Sorel, *Combat*

《 On rit du décalage entre les mots et les conduites, le naturel des conduites se heurte drôlement à la sottise des mots : on rit ainsi du naturel, de la sottise, mais bientôt également de la sottise d'un naturel qu'on peut nier. C'est alors que le rire se transforme en malaise : le spectacle est sur la scène, certes, mais n'est-il pas d'abord tous les jours, en nous et hors de nous ? Je connais des gens qui sont sortis de la salle, précautionneux, inquiets de ce qu'ils allaient dire et, pour un peu, aphasiques. Cette pièce apparemment folle serait-elle donc une excellente pièce réaliste ? 》

Jean Pouillon, *Les Temps Modernes*

Et sept ans plus tard...

《 Eugène Ionesco serait-il en passe de devenir un de nos « classiques » ? En mai 1950, *La Cantatrice chauve*, créée au théâtre des Noctambules, causait un scandale. Cet homme se moquait du monde. Sept ans plus tard, à la Huchette, le public est unanime à l'applaudir, à se moquer du monde avec lui. 》

Franck Jotterand, *La Gazette de Lausanne*,
29 février 1957

Et maintenant, laissons la parole à la *Cantatrice* : « Silence, il commence. »

La cantatrice chauve

Anti-pièce

Personnages

M. SMITH	*Claude Mansard.*
MME SMITH	*Paulette Frantz.*
M. MARTIN	*Nicolas Bataille.*
MME MARTIN	*Simone Mozet.*
MARY, la bonne	*Odette Barrois.*
LE CAPITAINE DES POMPIERS	*Henry-Jacques Huet.*

La Cantatrice chauve *a été représentée pour la première fois au théâtre des Noctambules, le 11 mai 1950, par la Compagnie Nicolas Bataille.*
La mise en scène était de Nicolas Bataille.

SCÈNE PREMIÈRE

Intérieur bourgeois anglais, avec des fauteuils anglais.
Soirée anglaise. M. Smith, Anglais, dans son fauteuil et
ses pantoufles anglais, fume sa pipe anglaise et lit un
journal anglais, près d'un feu anglais. Il a des lunettes
anglaises, une petite moustache grise, anglaise. À côté
de lui, dans un autre fauteuil anglais, Mme Smith,
Anglaise, raccommode des chaussettes anglaises. Un
long moment de silence anglais. La pendule anglaise
frappe dix-sept coups anglais.

MME SMITH. – Tiens, il est neuf heures. Nous avons mangé de
la soupe, du poisson, des pommes de terre au lard, de la
salade anglaise. Les enfants ont bu de l'eau anglaise. Nous
avons bien mangé, ce soir. C'est parce que nous habitons
dans les environs de Londres et que notre nom est Smith.

M. SMITH, *continuant sa lecture, fait claquer sa langue.*

MME SMITH. – Les pommes de terre sont très bonnes avec le
lard, l'huile de la salade n'était pas rance. L'huile de l'épicier du coin est de bien meilleure qualité que l'huile de
l'épicier d'en face, elle est même meilleure que l'huile de
l'épicier du bas de la côte. Mais je ne veux pas dire que
leur huile à eux soit mauvaise.

M. SMITH, *continuant sa lecture, fait claquer sa langue.*

MME SMITH. – Pourtant, c'est toujours l'huile de l'épicier du coin qui est la meilleure…

M. SMITH, *continuant sa lecture, fait claquer sa langue.*

MME SMITH. – Mary a bien cuit les pommes de terre, cette fois-ci. La dernière fois elle ne les avait pas bien fait cuire. Je ne les aime que lorsqu'elles sont bien cuites.

M. SMITH, *continuant sa lecture, fait claquer sa langue.*

MME SMITH. – Le poisson était frais. Je m'en suis léché les babines. J'en ai pris deux fois. Non, trois fois. Ça me fait aller aux cabinets. Toi aussi tu en as pris trois fois. Cependant, la troisième fois tu en as pris moins que les deux premières fois, tandis que moi j'en ai pris beaucoup plus. J'ai mieux mangé que toi, ce soir. Comment ça se fait? D'habitude, c'est toi qui manges le plus. Ce n'est pas l'appétit qui te manque.

M. SMITH, *fait claquer sa langue.*

MME SMITH. – Cependant, la soupe était peut-être un peu trop salée. Elle avait plus de sel que toi. Ha! ha! ha! Elle avait aussi trop de poireaux et pas assez d'oignons. Je regrette de ne pas avoir conseillé à Mary d'y ajouter un peu d'anis étoilé [1]. La prochaine fois, je saurai m'y prendre.

---

1. Graine aromatique qui sert à fabriquer de l'anisette. Curieux mélange pour une soupe! La cuisine anglaise des Smith est bien particulière et se veut exotique.

M. SMITH, *continuant sa lecture, fait claquer sa langue.*

MME SMITH. – Notre petit garçon aurait bien voulu boire de la bière, il aimera s'en mettre plein la lampe, il te ressemble. Tu as vu à table, comme il visait la bouteille ? Mais moi, j'ai versé dans son verre de l'eau de la carafe. Il avait soif et il l'a bue. Hélène me ressemble : elle est bonne ménagère, économe, joue du piano. Elle ne demande jamais à boire de la bière anglaise. C'est comme notre petite fille qui ne boit que du lait et ne mange que de la bouillie. Ça se voit qu'elle n'a que deux ans. Elle s'appelle Peggy.

La tarte aux coings et aux haricots a été formidable. On aurait bien fait peut-être de prendre, au dessert, un petit verre de vin de Bourgogne australien mais je n'ai pas apporté le vin à table afin de ne pas donner aux enfants une mauvaise preuve de gourmandise. Il faut leur apprendre à être sobre et mesuré dans la vie.

M. SMITH, *continuant sa lecture, fait claquer sa langue.*

MME SMITH. – Mrs Parker connaît un épicier roumain, nommé Popesco Rosenfeld [1], qui vient d'arriver de Constantinople. C'est un grand spécialiste en yaourt. Il est diplômé de l'école des fabricants de yaourt d'Andrinople. J'irai demain lui acheter une grande marmite de yaourt roumain folklorique. On n'a pas souvent des choses pareilles ici, dans les environs de Londres.

M. SMITH, *continuant sa lecture, fait claquer sa langue.*

---

1. Popesko signifie fils de pope, donc de culture orthodoxe, alors que Rosenfeld est un nom juif. L'association des deux noms est culturellement impossible ; elle fait rire les Roumains et les Français... cultivés !

MME SMITH. – Le yaourt est excellent pour l'estomac, les reins, l'appendicite et l'apothéose. C'est ce que m'a dit le docteur Mackenzie-King [1] qui soigne les enfants de nos voisins, les Johns. C'est un bon médecin. On peut avoir confiance en lui. Il ne recommande jamais d'autres médicaments que ceux dont il a fait l'expérience sur lui-même. Avant de faire opérer Parker, c'est lui d'abord qui s'est fait opérer du foie, sans être aucunement malade.

M. SMITH. – Mais alors comment se fait-il que le docteur s'en soit tiré et que Parker en soit mort ?

MME SMITH. – Parce que l'opération a réussi chez le docteur et n'a pas réussi chez Parker.

M. SMITH. – Alors Mackenzie n'est pas un bon docteur. L'opération aurait dû réussir chez tous les deux ou alors tous les deux auraient dû succomber.

MME SMITH. – Pourquoi ?

M. SMITH. – Un médecin consciencieux doit mourir avec le malade s'ils ne peuvent pas guérir ensemble. Le commandant d'un bateau périt avec le bateau, dans les vagues. Il ne lui survit pas.

MME SMITH. – On ne peut comparer un malade à un bateau.

M. SMITH. – Pourquoi pas ? Le bateau a aussi ses maladies ; d'ailleurs ton docteur est aussi sain qu'un vaisseau ; voilà

1. William Lyon Mackenzie-King, homme d'État canadien mort en 1950.

pourquoi encore il devait périr en même temps que le malade comme le docteur et son bateau.

MME SMITH. – Ah! Je n'y avais pas pensé… C'est peut-être juste… et alors, quelle conclusion en tires-tu?

M. SMITH. – C'est que tous les docteurs ne sont que des charlatans. Et tous les malades aussi. Seule la marine est honnête en Angleterre.

MME SMITH. – Mais pas les marins.

M. SMITH. – Naturellement.

Pause.

M. SMITH, *toujours avec son journal.* – Il y a une chose que je ne comprends pas. Pourquoi à la rubrique de l'état civil, dans le journal, donne-t-on toujours l'âge des personnes décédées et jamais celui des nouveau-nés? C'est un non-sens.

MME SMITH. – Je ne me le suis jamais demandé!

Un autre moment de silence. La pendule sonne sept fois. Silence. La pendule sonne trois fois. Silence. La pendule ne sonne aucune fois.

M. SMITH, *toujours dans son journal.* – Tiens, c'est écrit que Bobby Watson [1] est mort.

1. Charles Cros publia en 1877 un monologue intitulé *La Famille Dubois*. Il est construit sur le même principe que celui des Bobby Watson. Cette identité démultipliée se retrouve dans d'autres textes de Ionesco comme *Amédée ou comment s'en débarrasser, Jacques ou la soumission, Le roi se meurt* et *Premier conte pour enfants de moins de trois ans*. Le thème de la non-identité, de l'incapacité à nommer le monde, est très présent dans l'œuvre de Ionesco.

MME SMITH. – Mon Dieu, le pauvre, quand est-ce qu'il est mort ?

M. SMITH. – Pourquoi prends-tu cet air étonné ? Tu le savais bien. Il est mort il y a deux ans. Tu te rappelles, on a été à son enterrement, il y a un an et demi.

MME SMITH. – Bien sûr que je me rappelle. Je me suis rappelé tout de suite, mais je ne comprends pas pourquoi toi-même tu as été si étonné de voir ça sur le journal.

M. SMITH. – Ça n'y était pas sur le journal. Il y a déjà trois ans qu'on a parlé de son décès. Je m'en suis souvenu par associations d'idées !

MME SMITH. – Dommage ! Il était si bien conservé.

M. SMITH. – C'était le plus joli cadavre de Grande-Bretagne ! Il ne paraissait pas son âge. Pauvre Bobby, il y avait quatre ans qu'il était mort et il était encore chaud. Un véritable cadavre vivant. Et comme il était gai !

MME SMITH. – La pauvre Bobby.

M. SMITH. – Tu veux dire « le » pauvre Bobby.

MME SMITH. – Non, c'est à sa femme que je pense. Elle s'appelait comme lui, Bobby, Bobby Watson. Comme ils avaient le même nom, on ne pouvait pas les distinguer l'un de l'autre quand on les voyait ensemble. Ce n'est qu'après sa mort à lui, qu'on a pu vraiment savoir qui était l'un et qui était l'autre. Pourtant, aujourd'hui encore, il y a des gens qui la confondent avec le mort et lui présentent des condoléances. Tu la connais ?

M. SMITH. – Je ne l'ai vue qu'une fois, par hasard, à l'enterrement de Bobby.

MME SMITH. – Je ne l'ai jamais vue. Est-ce qu'elle est belle ?

M. SMITH. – Elle a des traits réguliers et pourtant on ne peut pas dire qu'elle est belle. Elle est trop grande et trop forte. Ses traits ne sont pas réguliers et pourtant on peut dire qu'elle est très belle. Elle est un peu trop petite et trop maigre. Elle est professeur de chant.

> *La pendule sonne cinq fois. Un long temps.*

MME SMITH. – Et quand pensent-ils se marier, tous les deux ?

M. SMITH. – Le printemps prochain, au plus tard.

MME SMITH. – Il faudra sans doute aller à leur mariage.

M. SMITH. – Il faudra leur faire un cadeau de noces. Je me demande lequel ?

MME SMITH. – Pourquoi ne leur offririons-nous pas un des sept plateaux d'argent dont on nous a fait don à notre mariage à nous et qui ne nous ont jamais servi à rien ?

> *Court silence. La pendule sonne deux fois.*

MME SMITH. – C'est triste pour elle d'être demeurée veuve si jeune.

M. SMITH. – Heureusement qu'ils n'ont pas eu d'enfants.

MME SMITH. – Il ne leur manquait plus que cela ! Des enfants ! Pauvre femme, qu'est-ce qu'elle en aurait fait !

M. SMITH. – Elle est encore jeune. Elle peut très bien se remarier. Le deuil lui va si bien.

MME SMITH. – Mais qui prendra soin des enfants ? Tu sais bien qu'ils ont un garçon et une fille. Comment s'appellent-ils ?

M. SMITH. – Bobby et Bobby comme leurs parents. L'oncle de Bobby Watson, le vieux Bobby Watson est riche et il aime le garçon. Il pourrait très bien se charger de l'éducation de Bobby.

MME SMITH. – Ce serait naturel. Et la tante de Bobby Watson, la vieille Bobby Watson pourrait très bien, à son tour, se charger de l'éducation de Bobby Watson, la fille de Bobby Watson. Comme ça, la maman de Bobby Watson, Bobby, pourrait se remarier. Elle a quelqu'un en vue ?

M. SMITH. – Oui, un cousin de Bobby Watson.

MME SMITH. – Qui ? Bobby Watson ?

M. SMITH. – De quel Bobby Watson parles-tu ?

MME SMITH. – De Bobby Watson, le fils du vieux Bobby Watson l'autre oncle de Bobby Watson, le mort.

M. SMITH. – Non, ce n'est pas celui-là, c'est un autre. C'est Bobby Watson, le fils de la vieille Bobby Watson la tante de Bobby Watson, le mort.

MME SMITH. – Tu veux parler de Bobby Watson, le commis voyageur?

M. SMITH. – Tous les Bobby Watson sont commis voyageurs.

MME SMITH. – Quel dur métier! Pourtant, on y fait de bonnes affaires.

M. SMITH. – Oui, quand il n'y a pas de concurrence.

MME SMITH. – Et quand n'y a-t-il pas de concurrence?

M. SMITH. – Le mardi, le jeudi et le mardi.

MME SMITH. – Ah! trois jours par semaine? Et que fait Bobby Watson pendant ce temps-là?

M. SMITH. – Il se repose, il dort.

MME SMITH. – Mais pourquoi ne travaille-t-il pas pendant ces trois jours s'il n'y a pas de concurrence?

M. SMITH. – Je ne peux pas tout savoir. Je ne peux pas répondre à toutes tes questions idiotes!

MME SMITH, *offensée*. – Tu dis ça pour m'humilier?

M. SMITH, *tout souriant*. – Tu sais bien que non.

MME SMITH. – Les hommes sont tous pareils ! Vous restez là, toute la journée, la cigarette à la bouche ou bien vous vous mettez de la poudre et vous fardez vos lèvres, cinquante fois par jour, si vous n'êtes pas en train de boire sans arrêt !

M. SMITH. – Mais qu'est-ce que tu dirais si tu voyais les hommes faire comme les femmes, fumer toute la journée, se poudrer, se mettre du rouge aux lèvres, boire du whisky ?

MME SMITH. – Quant à moi, je m'en fiche ! Mais si tu dis ça pour m'embêter, alors… Je n'aime pas ce genre de plaisanterie, tu le sais bien !

> *Elle jette les chaussettes très loin et montre ses dents. Elle se lève.*

M. SMITH *se lève à son tour et va vers sa femme, tendrement.* – Oh ! mon petit poulet rôti, pourquoi craches-tu du feu ? tu sais bien que je dis ça pour rien ! *(Il la prend par la taille et l'embrasse.)* Quel ridicule couple de vieux amoureux nous faisons ! Viens, nous allons éteindre et nous allons faire dodo !

SCÈNE II

LES MÊMES ET MARY.

MARY, *entrant.* – Je suis la bonne. J'ai passé un après-midi très agréable. J'ai été au cinéma avec un homme et j'ai vu un film avec des femmes. À la sortie du cinéma, nous sommes allés boire de l'eau-de-vie et du lait et puis on a lu le journal.

MME SMITH. – J'espère que vous avez passé un après-midi très agréable, que vous êtes allée au cinéma avec un homme et que vous avez bu de l'eau-de-vie et du lait.

M. SMITH. – Et le journal !

MARY. – Mme et M. Martin, vos invités, sont à la porte. Ils m'attendaient. Ils n'osaient pas entrer tout seuls. Ils devaient dîner avec vous, ce soir.

MME SMITH. – Ah oui. Nous les attendions. Et on avait faim. Comme on ne les voyait plus venir, on allait manger sans eux. On n'a rien mangé, de toute la journée. Vous n'auriez pas dû vous absenter !

MARY. – C'est vous qui m'avez donné la permission.

M. SMITH. – On ne l'a pas fait exprès !

MARY *éclate de rire. Puis, elle pleure. Elle sourit.* – Je me suis acheté un pot de chambre.

MME SMITH. – Ma chère Mary, veuillez ouvrir la porte et faites entrer M. et Mme Martin, s'il vous plaît. Nous allons vite nous habiller.

> *Mme et M. Smith sortent à droite. Mary ouvre la porte à gauche par laquelle entrent M. et Mme Martin.*

SCÈNE III

MARY, LES ÉPOUX MARTIN.

MARY. – Pourquoi êtes-vous venus si tard! Vous n'êtes pas polis. Il faut venir à l'heure. Compris? Asseyez-vous quand même là, et attendez, maintenant.

Elle sort.

SCÈNE IV

LES MÊMES, MOINS MARY.

Mme et M. Martin s'assoient l'un en face de l'autre, sans se parler. Ils se sourient, avec timidité.

M. MARTIN *(le dialogue qui suit doit être dit d'une voix traînante, monotone, un peu chantante, nullement nuancée)*. – Mes excuses, madame, mais il me semble, si je ne me trompe, que je vous ai déjà rencontrée quelque part.

MME MARTIN. – À moi aussi, monsieur, il me semble que je vous ai déjà rencontré quelque part.

M. MARTIN. – Ne vous aurais-je pas déjà aperçue, madame, à Manchester, par hasard?

MME MARTIN. – C'est très possible. Moi, je suis originaire de la ville de Manchester ! Mais je ne me souviens pas très bien, monsieur, je ne pourrais pas dire si je vous y ai aperçu, ou non !

M. MARTIN. – Mon Dieu, comme c'est curieux ! Moi aussi je suis originaire de la ville de Manchester, madame !

MME MARTIN. – Comme c'est curieux !

M. MARTIN. – Comme c'est curieux !… Seulement, moi, madame, j'ai quitté la ville de Manchester, il y a cinq semaines, environ.

MME MARTIN. – Comme c'est curieux ! quelle bizarre coïncidence [1] ! Moi aussi, monsieur, j'ai quitté la ville de Manchester, il y a cinq semaines, environ.

M. MARTIN. – J'ai pris le train d'une demie après huit le matin, qui arrive à Londres à un quart avant cinq, madame.

MME MARTIN. – Comme c'est curieux ! comme c'est bizarre ! et quelle coïncidence ! J'ai pris le même train, monsieur, moi aussi !

M. MARTIN. – Mon Dieu, comme c'est curieux ! peut-être bien alors, madame, que je vous ai vue dans le train ?

---

1. Cette réplique, qui rythmera la scène de reconnaissance, n'est pas sans rappeler celle du célèbre film de Marcel Carné et de Jacques Prévert, *Drôle de drame* : «Moi, j'ai dit "bizarre" ? comme c'est bizarre ! »

MME MARTIN. – C'est bien possible, ce n'est pas exclu, c'est plausible et, après tout, pourquoi pas !… Mais je n'en ai aucun souvenir, monsieur !

M. MARTIN. – Je voyageais en deuxième classe, madame. Il n'y a pas de deuxième classe en Angleterre, mais je voyage quand même en deuxième classe.

MME MARTIN. – Comme c'est bizarre, que c'est curieux, et quelle coïncidence ! moi aussi, monsieur, je voyageais en deuxième classe !

M. MARTIN. – Comme c'est curieux ! Nous nous sommes peut-être bien rencontrés en deuxième classe, chère madame !

MME MARTIN. – La chose est bien possible et ce n'est pas du tout exclu. Mais je ne m'en souviens pas très bien, cher monsieur !

M. MARTIN. – Ma place était dans le wagon n° 8, sixième compartiment, madame !

MME MARTIN. – Comme c'est curieux ! ma place aussi était dans le wagon n° 8, sixième compartiment, cher monsieur !

M. MARTIN. – Comme c'est curieux et quelle coïncidence bizarre ! Peut-être nous sommes-nous rencontrés dans le sixième compartiment, chère madame ?

MME MARTIN. – C'est bien possible, après tout ! Mais je ne m'en souviens pas, cher monsieur !

M. MARTIN. – À vrai dire, chère madame, moi non plus je ne m'en souviens pas, mais il est possible que nous nous soyons aperçus là, et si j'y pense bien, la chose me semble même très possible !

MME MARTIN. – Oh ! vraiment, bien sûr, vraiment, monsieur !

M. MARTIN. – Comme c'est curieux !… J'avais la place n° 3, près de la fenêtre, chère madame.

MME MARTIN. – Oh, mon Dieu, comme c'est curieux et comme c'est bizarre, j'avais la place n° 6, près de la fenêtre, en face de vous, cher monsieur.

M. MARTIN. – Oh, mon Dieu, comme c'est curieux et quelle coïncidence !… Nous étions donc vis-à-vis, chère madame ! C'est là que nous avons dû nous voir !

MME MARTIN. – Comme c'est curieux ! C'est possible mais je ne m'en souviens pas, monsieur !

M. MARTIN. – À vrai dire, chère madame, moi non plus je ne m'en souviens pas. Cependant, il est très possible que nous nous soyons vus à cette occasion.

MME MARTIN. – C'est vrai, mais je n'en suis pas sûre du tout, monsieur.

M. MARTIN. – Ce n'était pas vous, chère madame, la dame qui m'avait prié de mettre sa valise dans le filet et qui ensuite m'a remercié et m'a permis de fumer ?

MME MARTIN. – Mais si, ça devait être moi, monsieur ! Comme c'est curieux, comme c'est curieux, et quelle coïncidence !

M. MARTIN. – Comme c'est curieux, comme c'est bizarre, quelle coïncidence ! Eh bien alors, alors, nous nous sommes peut-être connus à ce moment-là, madame ?

MME MARTIN. – Comme c'est curieux et quelle coïncidence ! c'est bien possible, cher monsieur ! Cependant, je ne crois pas m'en souvenir.

M. MARTIN. – Moi non plus, madame.

Un moment de silence. La pendule sonne 2-1.

M. MARTIN. – Depuis que je suis arrivé à Londres, j'habite rue Bromfield, chère madame.

MME MARTIN. – Comme c'est curieux, comme c'est bizarre ! moi aussi, depuis mon arrivée à Londres j'habite rue Bromfield, cher monsieur.

M. MARTIN. – Comme c'est curieux, mais alors, mais alors, nous nous sommes peut-être rencontrés rue Bromfield, chère madame.

MME MARTIN. – Comme c'est curieux ; comme c'est bizarre ! c'est bien possible, après tout ! Mais je ne m'en souviens pas, cher monsieur.

M. MARTIN. – Je demeure au n° 19, chère madame.

MME MARTIN. – Comme c'est curieux, moi aussi j'habite au n° 19, cher monsieur.

M. MARTIN. – Mais alors, mais alors, mais alors, mais alors, mais alors, nous nous sommes peut-être vus dans cette maison, chère madame ?

MME MARTIN. – C'est bien possible, mais je ne m'en souviens pas, cher monsieur.

M. MARTIN. – Mon appartement est au cinquième étage, c'est le n° 8, chère madame.

MME MARTIN. – Comme c'est curieux, mon Dieu, comme c'est bizarre ! et quelle coïncidence ! moi aussi j'habite au cinquième étage, dans l'appartement n° 8, cher monsieur !

M. MARTIN, *songeur*. – Comme c'est curieux, comme c'est curieux, comme c'est curieux et quelle coïncidence ! vous savez, dans ma chambre à coucher j'ai un lit. Mon lit est couvert d'un édredon vert. Cette chambre, avec ce lit et son édredon vert, se trouve au fond du corridor, entre les water et la bibliothèque, chère madame !

MME MARTIN. – Quelle coïncidence, ah mon Dieu, quelle coïncidence ! Ma chambre à coucher a, elle aussi, un lit avec un édredon vert et se trouve au fond du corridor, entre les water, cher monsieur, et la bibliothèque !

M. MARTIN. – Comme c'est bizarre, curieux, étrange ! alors, madame, nous habitons dans la même chambre et nous dormons dans le même lit, chère madame. C'est peut-être là que nous nous sommes rencontrés !

MME MARTIN. – Comme c'est curieux et quelle coïncidence !

C'est bien possible que nous nous y soyons rencontrés, et peut-être même la nuit dernière. Mais je ne m'en souviens pas, cher monsieur !

M. MARTIN. – J'ai une petite fille, ma petite fille, elle habite avec moi, chère madame. Elle a deux ans, elle est blonde, elle a un œil blanc et un œil rouge, elle est très jolie, elle s'appelle Alice, chère madame.

MME MARTIN. – Quelle bizarre coïncidence ! moi aussi j'ai une petite fille, elle a deux ans, un œil blanc et un œil rouge, elle est très jolie et s'appelle aussi Alice, cher monsieur !

M. MARTIN, *même voix traînante, monotone.* – Comme c'est curieux et quelle coïncidence ! et bizarre ! c'est peut-être la même, chère madame !

MME MARTIN. – Comme c'est curieux ! c'est bien possible, cher monsieur.

Un assez long moment de silence... La pendule sonne vingt-neuf fois.

M. MARTIN, *après avoir longuement réfléchi, se lève lente-ment et, sans se presser, se dirige vers Mme Martin qui, surprise par l'air solennel de M. Martin, s'est levée, elle aussi, tout doucement ; M. Martin a la même voix rare, monotone, vaguement chantante.* – Alors, chère madame, je crois qu'il n'y a pas de doute, nous nous sommes déjà vus et vous êtes ma propre épouse... Élisabeth, je t'ai retrouvée !

MME MARTIN, *s'approche de M. Martin sans se presser. Ils s'embrassent sans expression. La pendule sonne une fois, très fort. Le coup de la pendule doit être si fort qu'il doit faire sursauter les spectateurs. Les époux Martin ne l'entendent pas.*

MME MARTIN. – Donald, c'est toi, *darling !*

> *Ils s'assoient dans le même fauteuil, se tiennent embrassés et s'endorment. La pendule sonne encore plusieurs fois. Mary, sur la pointe des pieds, un doigt sur les lèvres, entre doucement en scène et s'adresse au public.*

SCÈNE V
LES MÊMES ET MARY.

MARY. – Élisabeth et Donald sont, maintenant, trop heureux pour pouvoir m'entendre. Je puis donc vous révéler un secret. Élisabeth n'est pas Élisabeth, Donald n'est pas Donald. En voici la preuve : l'enfant dont parle Donald n'est pas la fille d'Élisabeth, ce n'est pas la même personne. La fillette de Donald a un œil blanc et un autre rouge tout comme la fillette d'Élisabeth. Mais tandis que l'enfant de Donald a l'œil blanc à droite et l'œil rouge à gauche, l'enfant d'Élisabeth, lui, a l'œil rouge à droite et le blanc à gauche ! Ainsi tout le système d'argumentation de Donald s'écroule en se heurtant à ce dernier obstacle qui anéantit toute sa théorie. Malgré les coïncidences extraordinaires qui semblent être des preuves définitives, Donald et Élisabeth n'étant pas les parents du même enfant ne sont pas Donald et Elisabeth. Il a beau croire qu'il est Donald, elle a beau se croire Élisabeth. Il a beau croire qu'elle est Élisabeth. Elle a beau croire qu'il est Donald : ils se trompent amèrement. Mais qui est le véritable Donald? Quelle est la véritable Élisabeth? Qui donc a intérêt à faire durer cette confusion? Je n'en sais rien. Ne tâchons pas de le savoir. Laissons les choses comme elles sont. *(Elle fait quelques pas vers la porte, puis revient et s'adresse au public.)* Mon vrai nom est Sherlock Holmes [1].

Elle sort.

---

1. Sherlock Holmes est le héros de Sir Arthur Conan Doyle, auteur de romans policiers.

Arrêt sur lecture 1

Le paratexte

Le titre

Le titre célèbre de cette pièce peut surprendre : point de cantatrice dans la distribution, pas de calvitie annoncée et pourtant...

Comme nous l'avons déjà précisé, Ionesco trouva l'idée originale de sa pièce en apprenant l'anglais avec la méthode Assimil. Il pensa donc d'abord intituler sa création *L'Anglais sans peine* puis *L'Heure anglaise* ou encore *Il pleut des chiens et des chats* – ce qui signifie : il tombe des trombes d'eau –, mais les connotations trop britanniques risquaient de dénaturer le sens de la pièce et la lecture qui en était faite. Le principe d'absurdité l'emportant, le caractère incongru du titre finalement retenu plut à l'auteur. Signalons tout d'abord la présence du thème de la calvitie dans une leçon sur le corps humain (leçon 57) de la méthode Assimil : « 1. Le dessus de la tête est couvert de cheveux. – 2. Quand un homme perd ses cheveux, il devient chauve. – 3. Quand une femme perd ses cheveux, elle se procure une perruque. » Puis dans la leçon 136 : « 11. Est-ce que cela vous ennuie d'être chauve ? – 12. Naturellement, ça m'ennuie un peu. – 13. Je suppose que vous sentez cruellement le froid en hiver ? – 14. Non, ce n'est pas tellement cela. Le principal ennui, c'est quand je me lave : à moins de garder mon chapeau, je ne sais pas où ma figure s'arrête. » À la leçon 59, intitulée « Au théâtre », il est question plus précisément d'une actrice de théâtre et de sa chevelure : « 13. Et quels beaux cheveux elle a ! – 14. Êtes-vous sûr que c'est à elle ? Je pensais que c'était une perruque. »

Ces leçons participent certainement de l'imprégnation de l'auteur ; mais c'est à Henry-Jacques Huet (le pompier) que revient la paternité du titre avec un lapsus dans le monologue du « Rhume » : une « institutrice blonde » devint une « cantatrice chauve ». Ionesco s'écria alors : « Voici le titre de la pièce ! » Le titre est, de façon provocante, sémantiquement* nul, mais cette non-pertinence donne la tonalité du texte et nous le rend séduisant.

La mention « anti-pièce », destinée à nous donner des indications génériques, avoue la volonté de Ionesco de rompre avec le théâtre classique en s'y opposant. Grâce à un titre déconcertant et à une mention provocatrice, Ionesco joue d'emblée avec son lecteur. L'action sera celle du langage, les personnages seront des pantins, et pourtant la structure s'apparentera à celle d'une pièce de théâtre.

La première didascalie

La distribution est également surprenante et riche d'enseignements. Et l'interrogation légitime du lecteur perdure à la lecture de la première didascalie*. En effet, la juxtaposition des informations concernant le décor et les accessoires permet de donner le ton grâce aux quinze occurrences* de l'adjectif « anglais ». Pourtant, à propos des connotations anglaises, Ionesco précise dans *Notes et contre-notes* que s'il « avait voulu et n'avait pas réussi à apprendre l'italien, le russe ou le turc, on aurait pu tout aussi bien dire que la

* Les mots signalés par un astérisque sont définis dans le glossaire, p. 141.

Que devient cette phrase anglaise si on la traduit littéralement ? Et en français correct ? La méthode Assimil, dont est tiré ce dessin, nous semble aujourd'hui bien démodée. Remarquez le rouge aux joues de la bonne. À quoi cela tient-il ?

pièce résultant de cet effort vain était une satire de la société italienne, russe ou turque ». La didascalie* ne joue donc pas son rôle véritable d'information et offre au lecteur, tout comme les titres, le plaisir du décalage : la « soirée anglaise », le « feu anglais », la « moustache anglaise », le « silence anglais » et les « dix-sept coups anglais » de la pendule ressortissent au crescendo de l'absurde ; d'emblée, le ton est donné.

La genèse

L'anglais avec peine ou Ionesco's english

Puisque Ionesco s'inspira de la méthode Assimil, il serait désormais intéressant de relever les emprunts divers qu'il opéra. Le manuel avec lequel il travaillait se présente sous la forme de leçons dramatisées. Dès la leçon 6, il est question d'un certain docteur Watson – lointain parent sans doute des Bobby Watson de notre texte ! – et des Martin, qui ont acheté une nouvelle voiture. Un M. Parker apparaît à la leçon 11 : « Voici notre nouveau voisin, M. Parker ; il parle français et italien. » Quant aux Smith, leur longue histoire débute à la leçon 67 et nous suivons leur vie d'Anglais moyens : travail au bureau pour monsieur, la maison dans la banlieue de Londres, les repas, les enfants, la vie de famille au quotidien pour madame, sans oublier la bonne Mary. Voici réunis les protagonistes de *La Cantatrice chauve*, excepté le pompier qui ne trouve ses origines nulle part dans ce manuel.

Ionesco s'est aussi inspiré des thèmes des leçons du manuel : la composition d'un repas anglais, la dispute entre mari et femme, et les Bobby Watson (scène I). Pour qui a appris la langue anglaise, il est aisé de repérer les tournures syntaxiques utilisées pour les exercices comme les comparatifs : « Cependant, la troisième fois tu en as pris moins que les deux premières fois, tandis que moi j'en ai pris beaucoup plus. » Le début de la pièce est donc très inspiré de la méthode Assimil. Par ailleurs, l'auteur précise que les personnages ont évolué seuls par la suite, qu'ils lui ont en quelque sorte échappé ; la création littéraire l'a emporté sur la genèse.

Extraits de la méthode Assimil

Ionesco s'est inspiré des extraits reproduits ici tels qu'ils ont paru dans l'édition de 1948.

« Leçon 88 : Un mariage en vue – 1. M. Smith : Le beau-frère de Dorothée devrait être à Londres bientôt ; il vient tous les trois mois. – 2. Mme Smith : Il est un voyageur de commerce, n'est-ce pas ? – 3. Oui, il voyage en articles de cuir. – 4. Ce doit être un travail dur ; il y a tellement de concurrence dans cette branche-là. – 5. Je crois qu'il fait de bonnes affaires, bien que sa maison ne soit pas une des plus grandes. – 6. Est-ce qu'il n'est pas fiancé à une jeune fille de Londres ? – 7. Si. Elle est une maîtresse de musique. Ils espèrent se marier prochainement. – 8. L'as-tu jamais vue ? – 9. Je l'ai vue une fois avec lui ; je les ai rencontrés par hasard dans la rue, non loin de mon bureau. – 10. Comment l'as-tu trouvée ? – 11. Ils étaient pressés ; il m'a présenté et nous avons à peine échangé quelques paroles. – 12. Est-elle jolie ? – 13. Je ne l'appellerai pas jolie, bien qu'elle ait des traits réguliers ; elle est grande, et elle a l'air robuste. – 14. Penses-tu que le mariage aura lieu à Londres ? – 15. Je le suppose ; nous devrons aller, bien sûr. – 16. Que devrions-nous leur donner comme cadeau ? – 17. Pourquoi pas un de ces sept plateaux d'argent que nous avons reçus de divers parents à notre mariage, et qui ne nous sont pas du moindre usage ? […]

Leçon 90 : Presque une querelle – 1. M. Smith se verse du whisky, et remplit le verre avec le siphon. 2. Avec un sourire, il lève son verre et dit : « À ta santé ! » – 3. N'est-ce pas étrange, réplique Mme Smith, que vous autres hommes deviez toujours être en train de boire quelque chose ou de sucer une pipe… – 4. Ne gronde pas, s'il te plaît ; ceci n'est que le deuxième whisky que j'ai pris ce soir, 5. et j'ai à peine fumé une douzaine de cigarettes la journée entière. – 6. Je ne gronde pas, je compare seulement les hommes aux femmes, au désavantage des premiers. – 7. Oh ! laisse-moi rire ! Que dirais-tu si je me rougissais les joues, et me poudrais le nez vingt fois par jour, 8. et passais des heures à me regarder dans la glace ? – 9. Eh bien fais-le s'il te plaît ; je ne t'en empêcherai pas. Mais si ce que tu dis est à mon adresse, eh bien alors… – 10. Lise, ma chère, ne te fâche pas ; tu sais que je plaisantais. – 11. Je n'apprécie pas ce genre de plaisanteries. – 12. Voyons poulette ! quelle petite rageuse ! 13. Il lui passe le bras autour de la taille et l'embrasse tendrement. Ils rient tous les deux. – 14. Ne sommes-nous pas bêtes ? Quelle drôle de paire de vieux amoureux ! – 15. Éteignons les lumières, fermons à clef la porte d'entrée, et allons nous coucher paisiblement. »

L'intertextualité

Le texte de Ionesco s'est inspiré de la méthode d'apprentissage de l'anglais, mais également des romans policiers anglais. Le nom de

Watson, par exemple, n'est pas sans rappeler le célèbre protago-
niste des romans policiers de Sir Arthur Conan Doyle ; ce nom fait
écho à la remarque de Mary à la fin de la scène v : « Mon vrai nom
est Sherlock Holmes. » Outre les choix patronymiques, la tirade de
Mary ressortit également aux déductions d'enquêtes policières.

Le texte de Ionesco fait donc penser à plusieurs autres textes :
ceci relève de l'intertextualité*. Ce concept a été développé en
1966-1967 par Roland Barthes : il s'agit de montrer que tout texte
est le fruit de l'histoire littéraire. Michael Riffaterre définit l'intertexte de la façon suivante : « ensemble de textes que l'on peut rapprocher de celui que l'on a sous les yeux », « l'ensemble des textes
que l'on retrouve dans sa mémoire à la lecture d'un passage
donné ». Une utilisation ludique de ce trait d'écriture est la paro-
die*, le clin d'œil adressé au lecteur cultivé.

Quand est-ce que ça commence ?

La scène d'exposition

La difficulté de lecture de la pièce provient sans nul doute d'une incertitude quant aux limites de la fable : Mme Smith monologue face à
un mari présent uniquement par son claquement de langue, et se
présente elle-même, déstabilisant ainsi le lecteur. Ionesco joue sur la
notion de double destinataire au théâtre : chaque parole prononcée
par un personnage lors d'un dialogue théâtral est destinée à un autre
personnage (c'est l'axe interne), mais cette parole est aussi destinée
au public (c'est l'axe externe). L'information atteint donc deux desti-
nataires. Dans cette première scène, les propos de Mme Smith informent bien sûr le lecteur-spectateur de la situation initiale, mais
n'informent pas en revanche son mari qui vient de la vivre. Les deux
axes sont sollicités alors que seul l'axe externe est nécessaire à l'exposition de la situation. Ici, le dramaturge accentue et ridiculise l'un des

éléments essentiels de l'écriture théâtrale : la scène d'exposition. Après que la situation a été éclairée par sa femme, M. Smith se met à parler de ce qu'il lit dans le journal, des amis Watson… mais il ne se passe toujours rien pour autant. Puis Mary arrive, scène II : elle n'agit pas non plus mais informe de sa soirée. C'est une intrusion du monde extérieur dans cet espace familial confiné. Enfin, les Martin arrivent, scène III, et découvrent, après une longue et lente déduction, qu'ils sont mari et femme. Ces trois étapes s'apparentent à un acte d'exposition : les personnages essentiels et le lieu sont présentés, mais le temps est délirant et l'action n'est toujours pas mise en place.

Le langage

Mais alors, de quoi s'agit-il ? C'est en fait le langage qui est l'objet de la fable, le langage et toutes ses richesses. L'unique action des Smith est la conversation, voire la querelle. La brutale irruption du personnage de la bonne dans ce salon paisiblement anglais dévoile le sens de cette anti-pièce. Mary a un langage fort prosaïque quand elle précise que lors de sa soirée de liberté, elle a « acheté un pot de chambre ». Ce prosaïsme atteint l'impolitesse lorsqu'elle fait entrer les hôtes en leur assenant les propos suivants : « Pourquoi êtes-vous venus si tard ! Vous n'êtes pas polis. Il faut venir à l'heure. Compris ? Asseyez-vous quand même là, et attendez, maintenant. » (scène III). Il s'agit de faire du langage le lieu du décalage, de l'absurdité, de la provocation insidieuse. C'est là que résidera le rapport de forces de la pièce.

Les personnages

Si l'on s'attarde sur les personnages – lieux de la parole au théâtre mais aussi de la psychologie, de l'émotion –, que dire de ces deux couples ? Aucune communication véritable ne ressort de leurs discours ; ils ne semblent pas avoir d'identité puisqu'ils la recherchent. Mme Smith précise des « vérités essentielles » à son mari sur sa famille, ses repas… ; les Martin ne se reconnaissent pas d'emblée et partent en quête d'eux-mêmes. Mary se présente dans ses fonctions de bonne puis dans celles de Sherlock Holmes. Ces personnages s'apparentent à des fantoches ; le Guignol de l'enfance de Ionesco n'est pas loin… Ils ont des difficultés à s'ancrer dans une intrigue et ne semblent pas exister véritablement. Le lecteur-spectateur ne peut s'identifier à ces pantins ; le « mécanique plaqué sur du vivant » d'Henri Bergson (dont on pourra par ailleurs lire *Le Rire*) fonctionne alors pleinement. *La Cantatrice chauve* semble bien être une pièce comique…

Le lieu
Pas d'intrigue nouée dans ces scènes d'exposition, pas de personnages véritables mais un salon anglais et tous les accessoires nécessaires pour un ancrage dans une réalité anglaise ; voilà un élément rassurant : l'unité de lieu. Le salon est le lieu des rencontres par excellence, des échanges de la parole – pensons aux palais dans les pièces classiques – mais aussi d'un ennui possible. Mme Smith raccommode des chaussettes – objets peu glorieux –, M. Smith lit un journal sérieux : rien ne se passe. C'est le lieu de la quotidienneté et de la banalité, mais aussi de l'attente. Les personnages attendent quelque chose de l'extérieur. Seule Mary apporte des nouvelles du monde, et les Martin viennent dîner : ces personnages sont alors des éléments perturbateurs.

Le temps
L'attente est concrétisée par le temps qui passe – matérialisé par la pendule –, mais la temporalité est délirante. L'alternance entre silence et coups de pendule crée un rythme assez lent. M. Smith donne la cadence par ses claquements de langue, et les interventions de sa femme contribuent à la pesanteur. Mais quant à savoir l'heure précise… La première didascalie* nous indique dix-sept coups ; Mme Smith en fait une autre lecture puisqu'elle nous informe qu'il est « neuf heures », mais la suite va de mal en pis. La didascalie* suivante précise que la « pendule sonne sept fois. Silence. La pendule

sonne trois fois. Silence. La pendule ne sonne aucune fois ». Le délire temporel s'emballe et n'aura pas de fin. Il s'apparente alors à un mouvement aussi perpétuel que celui de la conversation qui ne commence ni ne finit. Ionesco pensait d'ailleurs qu'une pièce de théâtre était un morceau de vie avec un début *in media res* (en cours, sans véritable début) et une fin arbitrairement coupée ; on pourrait ne jamais terminer l'histoire… jusqu'à épuisement du public.

La famille : variations sur un même thème

Si tout semble s'émietter, un thème se dégage cependant : celui de la famille, « ce formidable bordel ». Mme Smith nous présente ses enfants et sa vie familiale quotidienne. M. Smith se qualifie, lui et sa femme, de « couple de vieux amoureux » ; les Martin réalisent qu'ils sont mari et femme :

> M. MARTIN. – [...] nous nous sommes déjà vus et vous êtes ma propre épouse… Élisabeth, je t'ai retrouvée ! [...]
> MME MARTIN. – Donald, c'est toi, *darling !* (scène IV)

Même si Mary perturbe ces retrouvailles en affirmant qu'il y a deux Alice (scène V), ils sont tous des personnages en quête d'identité familiale. En outre, même la conversation du couple propose une variation sur ce thème avec l'étonnante famille des Bobby Watson (scène I). Les liens de parenté deviendront délirants quand ils concerneront le sort du veau père d'une vache ! (scène VIII). La seule tirade de la pièce, celle du « Rhume », va enrayer à jamais la quête généalogique.

à vous...

1 – La distribution (voir p. 22) est riche d'enseignements. Quelles informations nous donne-t-elle ?

2 – Dans ces premières scènes, quelles sont les tournures typiquement anglaises faisant fréquemment l'objet d'exercices lors de l'apprentissage de la langue anglaise ?

3 – Faites une étude comparée de la scène ı de *La Cantatrice chauve* et des deux textes de la méthode Assimil (p. 46-47) en repérant les emprunts opérés par Ionesco. Que constatez-vous ? Quelles modifications l'auteur a-t-il apportées ? Dans quel but ?

4 – Comment l'illustration reproduite p. 45 a-t-elle pu inspirer Ionesco ?

5 – Initiez-vous au commentaire composé avec un extrait de la scène ı, de : « Tiens, c'est écrit que Bobby Watson est mort » à : « Tous les Bobby Watson sont commis voyageurs. »
Questions d'observation :
– relevez les incohérences temporelles dans les didascalies* et dans les dialogues. Quel est l'effet voulu par l'auteur ?
– repérez et classez tous les éléments participant du comique de mots.

6 – Analysez le détail de ces premières scènes ; mettez en évidence ce qui appartient à l'intertextualité* et ce qui s'apparente au roman policier dans la tirade de Mary. Une analyse précise du détail du texte est indispensable.

7 – Le personnage du pompier est lié au thème de la famille. Quel passage permet cette affirmation ?

8 – À la manière de Ionesco – Et si vous jouiez à réécrire une des scènes en la dramatisant ? Choisissez un ou des protagonistes de la pièce ; rédigez alors un monologue ou un dialogue, et n'omettez pas de conserver la tonalité comique de la pièce (incohérence temporelle, incohérence du propos, raisonnement à vide...). Vous remarquerez, bien sûr, que chez Ionesco l'incohérence est davantage rupture qu'absence de logique : il s'agit là d'un véritable travail littéraire.

SCÈNE VI

LES MÊMES SANS MARY.

La pendule sonne tant qu'elle veut. Après de nombreux instants, Mme et M. Martin se séparent et reprennent les places qu'ils avaient au début.

M. MARTIN. – Oublions, darling, tout ce qui ne s'est pas passé entre nous et, maintenant que nous nous sommes retrouvés, tâchons de ne plus nous perdre et vivons comme avant.

MME MARTIN. – Oui, *darling*.

SCÈNE VII

LES MÊMES ET LES SMITH.

Mme et M. Smith entrent à droite, sans aucun changement dans leurs vêtements.

MME SMITH. – Bonsoir, chers amis ! excusez-nous de vous avoir fait attendre si longtemps. Nous avons pensé qu'on devait vous rendre les honneurs auxquels vous avez droit et, dès que nous avons appris que vous vouliez bien nous faire le plaisir de venir nous voir sans annoncer votre visite, nous nous sommes dépêchés d'aller revêtir nos habits de gala.

M. SMITH, *furieux*. – Nous n'avons rien mangé toute la journée. Il y a quatre heures que nous vous attendons. Pourquoi êtes-vous venus en retard ?

> *Mme et M. Smith s'assoient en face des visiteurs. La pendule souligne les répliques, avec plus ou moins de force, selon le cas. Les Martin, elle surtout, ont l'air embarrassé et timide. C'est pourquoi la conversation s'amorce difficilement et les mots viennent, au début, avec peine. Un long silence gêné au début, puis d'autres silences et hésitations par la suite.*

M. SMITH. – Hm.

> *Silence.*

MME SMITH. – Hm, hm.

> *Silence.*

MME MARTIN. – Hm, hm, hm.

> *Silence.*

M. MARTIN. – Hm, hm, hm, hm.

> *Silence.*

MME MARTIN. – Oh, décidément.

> *Silence.*

M. MARTIN. – Nous sommes tous enrhumés.

Silence.

M. SMITH. – Pourtant il ne fait pas froid.

Silence.

MME SMITH. – Il n'y a pas de courant d'air.

Silence.

M. MARTIN. – Oh non, heureusement.

Silence.

M. SMITH. – Ah, la la la la.

Silence.

M. MARTIN. – Vous avez du chagrin ?

Silence.

MME SMITH. – Non. Il s'emmerde.

Silence.

MME MARTIN. – Oh, monsieur, à votre âge, vous ne devriez pas.

Silence.

M. SMITH. – Le cœur n'a pas d'âge.

Silence.

M. MARTIN. – C'est vrai.

Silence.

MME SMITH. – On le dit.

Silence.

MME MARTIN. – On dit aussi le contraire.

Silence.

M. SMITH. – La vérité est entre les deux.

Silence.

M. MARTIN. – C'est juste.

Silence.

MME SMITH, *aux époux Martin.* – Vous qui voyagez beaucoup, vous devriez pourtant avoir des choses intéressantes à nous raconter.

M. MARTIN, *à sa femme.* – Dis, chérie, qu'est-ce que tu as vu aujourd'hui ?

MME MARTIN. – Ce n'est pas la peine, on ne me croirait pas.

M. SMITH. – Nous n'allons pas mettre en doute votre bonne foi !

MME SMITH. – Vous nous offenseriez si vous le pensiez.

M. MARTIN, *à sa femme.* – Tu les offenserais, chérie, si tu le pensais…

MME MARTIN, *gracieuse.* – Eh bien, j'ai assisté aujourd'hui à une chose extraordinaire. Une chose incroyable.

M. MARTIN. – Dis vite, chérie.

M. SMITH. – Ah, on va s'amuser.

MME SMITH. – Enfin !

MME MARTIN. – Eh bien, aujourd'hui, en allant au marché pour acheter des légumes qui sont de plus en plus chers…

MME SMITH. – Qu'est-ce que ça va devenir !

M. SMITH. – Il ne faut pas interrompre, chérie, vilaine.

MME MARTIN. – J'ai vu, dans la rue, à côté d'un café, un monsieur convenablement vêtu, âgé d'une cinquantaine d'années, même pas, qui…

M. SMITH. – Qui, quoi ?

MME SMITH. – Qui, quoi ?

M. SMITH, *à sa femme*. – Faut pas interrompre, chérie, tu es dégoûtante.

MME SMITH. – Chéri, c'est toi, qui as interrompu le premier, mufle.

M. MARTIN. – Chut. *(À sa femme.)* Qu'est-ce qu'il faisait, le monsieur ?

MME MARTIN. – Eh bien, vous allez dire que j'invente, il avait mis un genou par terre et se tenait penché.

M. MARTIN, M. SMITH, MME SMITH. – Oh !

MME MARTIN. – Oui, penché.

M. SMITH. – Pas possible.

MME MARTIN. – Si, penché. Je me suis approchée de lui pour voir ce qu'il faisait…

M. SMITH. – Eh bien?

MME MARTIN. – Il nouait les lacets de sa chaussure qui s'étaient défaits.

LES TROIS AUTRES. – Fantastique!

M. SMITH. – Si ce n'était pas vous, je ne le croirais pas.

M. MARTIN. – Pourquoi pas? On voit des choses encore plus extraordinaires, quand on circule. Ainsi, aujourd'hui, moi-même, j'ai vu dans le métro, assis sur une banquette, un monsieur qui lisait tranquillement son journal.

MME SMITH. – Quel original!

M. SMITH. – C'était peut-être le même!

> *On entend sonner à la porte d'entrée.*

M. SMITH. – Tiens, on sonne.

MME SMITH. – Il doit y avoir quelqu'un. Je vais voir. *(Elle va voir. Elle ouvre et revient.)* Personne.

> *Elle se rassoit.*

M. MARTIN. – Je vais vous donner un autre exemple…

> *Sonnette.*

M. SMITH. – Tiens, on sonne.

MME SMITH. – Ça doit être quelqu'un. Je vais voir. *(Elle va voir. Elle ouvre et revient.)* Personne.

Elle revient à sa place.

M. MARTIN, *qui a oublié où il en est.* – Euh !…

MME MARTIN. – Tu disais que tu allais donner un autre exemple.

M. MARTIN. – Ah oui…

Sonnette.

M. SMITH. – Tiens, on sonne.

MME SMITH. – Je ne vais plus ouvrir.

M. SMITH. – Oui, mais il doit y avoir quelqu'un !

MME SMITH. – La première fois, il n'y avait personne. La deuxième fois, non plus. Pourquoi crois-tu qu'il y aura quelqu'un maintenant ?

M. SMITH. – Parce qu'on a sonné !

MME MARTIN. – Ce n'est pas une raison.

M. MARTIN. – Comment ? Quand on entend sonner à la porte, c'est qu'il y a quelqu'un à la porte, qui sonne pour qu'on lui ouvre la porte.

MME MARTIN. – Pas toujours. Vous avez vu tout à l'heure !

M. MARTIN. – La plupart du temps, si.

M. SMITH. – Moi, quand je vais chez quelqu'un, je sonne pour entrer. Je pense que tout le monde fait pareil et que chaque fois qu'on sonne c'est qu'il y a quelqu'un.

MME SMITH. – Cela est vrai en théorie. Mais dans la réalité les choses se passent autrement. Tu as bien vu tout à l'heure.

MME MARTIN. – Votre femme a raison.

M. MARTIN. – Oh ! vous, les femmes, vous vous défendez toujours l'une l'autre.

MME SMITH. – Eh bien, je vais aller voir. Tu ne diras pas que je suis entêtée, mais tu verras qu'il n'y a personne ! *(Elle va voir. Elle ouvre la porte et la referme.)* Tu vois, il n'y a personne.

Elle revient à sa place.

MME SMITH. – Ah ! ces hommes qui veulent toujours avoir raison et qui ont toujours tort !

On entend de nouveau sonner.

M. SMITH. – Tiens, on sonne. Il doit y avoir quelqu'un.

MME SMITH, *qui fait une crise de colère.* – Ne m'envoie plus ouvrir la porte. Tu as vu que c'était inutile. L'expérience nous apprend que lorsqu'on entend sonner à la porte, c'est qu'il n'y a jamais personne.

MME MARTIN. – Jamais.

M. MARTIN. – Ce n'est pas sûr.

M. SMITH. – C'est même faux. La plupart du temps, quand on entend sonner à la porte, c'est qu'il y a quelqu'un.

MME SMITH. – Il ne veut pas en démordre.

MME MARTIN. – Mon mari aussi est très têtu.

M. SMITH. – Il y a quelqu'un.

M. MARTIN. – Ce n'est pas impossible.

MME SMITH, *à son mari*. – Non.

M. SMITH. – Si.

MME SMITH. – Je te dis que non. En tout cas, tu ne me dérangeras plus pour rien. Si tu veux aller voir, vas-y toi-même !

M. SMITH. – J'y vais.

> *Mme Smith hausse les épaules. Mme Martin hoche la tête.*

M. SMITH, *va ouvrir*. – Ah ! how do you do ! *(Il jette un regard à Mme Smith et aux époux Martin qui sont tous surpris.)* C'est le capitaine des pompiers !

SCÈNE VIII

LES MÊMES, LE CAPITAINE DES POMPIERS.

LE POMPIER *(Il a, bien entendu, un énorme casque qui brille[1] et un uniforme).* – Bonjour, mesdames et messieurs. *(Les gens sont encore un peu étonnés. Mme Smith fâchée, tourne la tête et ne répond pas à son salut.)* Bonjour, madame Smith. Vous avez l'air fâché.

MME SMITH. – Oh !

M. SMITH. – C'est que, voyez-vous… ma femme est un peu humiliée de ne pas avoir eu raison.

M. MARTIN. – Il y a eu, monsieur le Capitaine des pompiers, une controverse entre madame et monsieur Smith.

MME SMITH, *à M. Martin.* – Ça ne vous regarde pas ! *(À M. Smith.)* Je te prie de ne pas mêler les étrangers à nos querelles familiales.

M. SMITH. – Oh, chérie, ce n'est pas bien grave. Le capitaine est un vieil ami de la maison. Sa mère me faisait la cour, son père, je le connaissais. Il m'avait demandé de lui donner ma fille en mariage quand j'en aurais une. Il est mort en attendant.

---

1. Le choix de ce personnage peut surprendre. Ionesco évoque un souvenir d'enfance : un incendie vu dans un film ou dans la rue avec un camion rouge et des pompiers à casques brillants.

M. MARTIN. – Ce n'est ni sa faute à lui ni la vôtre.

LE POMPIER. – Enfin, de quoi s'agit-il?

MME SMITH. – Mon mari prétendait…

M. SMITH. – Non, c'est toi qui prétendais.

M. MARTIN. – Oui, c'est elle.

MME MARTIN. – Non, c'est lui.

LE POMPIER. – Ne vous énervez pas. Racontez-moi ça, madame Smith.

MME SMITH. – Eh bien, voilà. Ça me gêne beaucoup de vous parler franchement, mais un pompier est aussi un confesseur.

LE POMPIER. – Eh bien?

MME SMITH. – On se disputait parce que mon mari disait que lorsqu'on entend sonner à la porte, il y a toujours quelqu'un.

M. MARTIN. – La chose est plausible.

MME SMITH. – Et moi, je disais que chaque fois que l'on sonne, c'est qu'il n'y a personne.

MME MARTIN. – La chose peut paraître étrange.

MME SMITH. – Mais elle est prouvée, non point par des démonstrations théoriques, mais par des faits.

M. SMITH. – C'est faux, puisque le pompier est là. Il a sonné, j'ai ouvert, il était là.

MME MARTIN. – Quand ?

M. MARTIN. – Mais tout de suite.

MME SMITH. – Oui, mais ce n'est qu'après avoir entendu sonner une quatrième fois que l'on a trouvé quelqu'un. Et la quatrième fois ne compte pas.

MME MARTIN. – Toujours. Il n'y a que les trois premières qui comptent.

M. SMITH. – Monsieur le Capitaine, laissez-moi vous poser, à mon tour, quelques questions.

LE POMPIER. – Allez-y.

M. SMITH. – Quand j'ai ouvert et que je vous ai vu, c'était bien vous qui aviez sonné ?

LE POMPIER. – Oui, c'était moi.

M. MARTIN. – Vous étiez à la porte ? Vous sonniez pour entrer ?

LE POMPIER. – Je ne le nie pas.

M. SMITH, *à sa femme, victorieusement*. – Tu vois ? J'avais raison. Quand on entend sonner, c'est que quelqu'un sonne. Tu ne peux pas dire que le Capitaine n'est pas quelqu'un.

MME SMITH. – Certainement pas. Je te répète que je te parle seulement des trois premières fois puisque la quatrième ne compte pas.

MME MARTIN. – Et quand on a sonné la première fois, c'était vous?

LE POMPIER. – Non, ce n'était pas moi.

MME MARTIN. – Vous voyez? On sonnait et il n'y avait personne.

M. MARTIN. – C'était peut-être quelqu'un d'autre?

M. SMITH. – Il y avait longtemps que vous étiez à la porte?

LE POMPIER. – Trois quarts d'heure.

M. SMITH. – Et vous n'avez vu personne?

LE POMPIER. – Personne. J'en suis sûr.

MME MARTIN. – Est-ce que vous avez entendu sonner la deuxième fois?

LE POMPIER. – Oui, ce n'était pas moi non plus. Et il n'y avait toujours personne.

MME SMITH. – Victoire! J'ai eu raison.

M. SMITH, *à sa femme*. – Pas si vite. *(Au pompier.)* Et qu'est-ce que vous faisiez à la porte?

LE POMPIER. – Rien. Je restais là. Je pensais à des tas de choses.

M. MARTIN, *au pompier*. – Mais la troisième fois... ce n'est pas vous qui aviez sonné ?

LE POMPIER. – Si, c'était moi.

M. SMITH. – Mais quand on a ouvert, on ne vous a pas vu.

LE POMPIER. – C'est parce que je me suis caché... pour rire.

MME SMITH. – Ne riez pas, monsieur le Capitaine. L'affaire est trop triste.

M. MARTIN. – En somme, nous ne savons toujours pas si, lorsqu'on sonne à la porte, il y a quelqu'un ou non !

MME SMITH. – Jamais personne.

M. SMITH. – Toujours quelqu'un.

LE POMPIER. – Je vais vous mettre d'accord. Vous avez un peu raison tous les deux. Lorsqu'on sonne à la porte, des fois il y a quelqu'un, d'autres fois il n'y a personne.

M. MARTIN. – Ça me paraît logique.

MME MARTIN. – Je le crois aussi.

LE POMPIER. – Les choses sont simples, en réalité. *(Aux époux Smith.)* Embrassez-vous.

MME SMITH. – On s'est déjà embrassé tout à l'heure.

M. MARTIN. – Ils s'embrasseront demain. Ils ont tout le temps.

MME SMITH. – Monsieur le Capitaine, puisque vous nous avez aidés à mettre tout cela au clair, mettez-vous à l'aise, enlevez votre casque et asseyez-vous un instant.

LE POMPIER. – Excusez-moi, mais je ne peux pas rester longtemps. Je veux bien enlever mon casque, mais je n'ai pas le temps de m'asseoir. *(Il s'assoit, sans enlever son casque.)* Je vous avoue que je suis venu chez vous pour tout à fait autre chose. Je suis en mission de service.

MME SMITH. – Et qu'est-ce qu'il y a pour votre service, monsieur le Capitaine ?

LE POMPIER. – Je vais vous prier de vouloir bien excuser mon indiscrétion *(très embarrassé)* ; euh *(il montre du doigt les époux Martin)*... puis-je... devant eux...

MME MARTIN. – Ne vous gênez pas.

M. MARTIN. – Nous sommes de vieux amis. Ils nous racontent tout.

M. SMITH. – Dites.

LE POMPIER. – Eh bien, voilà. Est-ce qu'il y a le feu chez vous ?

MME SMITH. – Pourquoi nous demandez-vous ça ?

LE POMPIER. – C'est parce que… excusez-moi, j'ai l'ordre d'éteindre tous les incendies dans la ville.

MME MARTIN. – Tous ?

LE POMPIER. – Oui, tous.

MME SMITH, *confuse*. – Je ne sais pas… Je ne crois pas, voulez-vous que j'aille voir ?

M. SMITH, *reniflant*. – Il ne doit rien y avoir. Ça ne sent pas le roussi.

LE POMPIER *désolé*. – Rien du tout ? Vous n'auriez pas un petit feu de cheminée, quelque chose qui brûle dans le grenier ou dans la cave ? Un petit début d'incendie, au moins ?

MME SMITH. – Écoutez, je ne veux pas vous faire de la peine mais je pense qu'il n'y a rien chez nous pour le moment. Je vous promets de vous avertir dès qu'il y aura quelque chose.

LE POMPIER. – N'y manquez pas, vous me rendriez service.

MME SMITH. – C'est promis.

LE POMPIER, *aux époux Martin*. – Et chez vous, ça ne brûle pas non plus ?

MME MARTIN. – Non, malheureusement.

M. MARTIN, *au pompier*. – Les affaires vont plutôt mal, en ce moment !

LE POMPIER. – Très mal. Il n'y a presque rien, quelques bricoles, une cheminée, une grange. Rien de sérieux. Ça ne rapporte pas. Et comme il n'y a pas de rendement, la prime à la production est très maigre.

M. SMITH. – Rien ne va. C'est partout pareil. Le commerce, l'agriculture, cette année c'est comme pour le feu, ça ne marche pas.

M. MARTIN. – Pas de blé, pas de feu.

LE POMPIER. – Pas d'inondation non plus.

MME SMITH. – Mais il y a du sucre.

M. SMITH. – C'est parce qu'on le fait venir de l'étranger.

MME MARTIN. – Pour les incendies, c'est plus difficile. Trop de taxes !

LE POMPIER. – Il y a tout de même, mais c'est assez rare aussi, une asphyxie au gaz, ou deux. Ainsi, une jeune femme s'est asphyxiée, la semaine dernière, elle avait laissé le gaz ouvert.

MME MARTIN. – Elle l'avait oublié ?

LE POMPIER. – Non, mais elle a cru que c'était son peigne.

M. SMITH. – Ces confusions sont toujours dangereuses !

MME SMITH. – Est-ce que vous êtes allé voir chez le marchand d'allumettes ?

LE POMPIER. – Rien à faire. Il est assuré contre l'incendie.

M. MARTIN. – Allez donc voir, de ma part, le vicaire de Wakefield[1].

LE POMPIER. – Je n'ai pas le droit d'éteindre le feu chez les prêtres. L'Évêque se fâcherait. Ils éteignent leurs feux tout seuls ou bien ils le font éteindre par des vestales.

M. SMITH. – Essayez voir chez Durand.

LE POMPIER. – Je ne peux pas non plus. Il n'est pas anglais. Il est naturalisé seulement. Les naturalisés ont le droit d'avoir des maisons mais pas celui de les faire éteindre si elles brûlent.

MME SMITH. – Pourtant, quand le feu s'y est mis l'année dernière, on l'a bien éteint quand même !

LE POMPIER. – Il a fait ça tout seul. Clandestinement. Oh, c'est pas moi qui irais le dénoncer.

M. SMITH. – Moi non plus.

MME SMITH. – Puisque vous n'êtes pas trop pressé, monsieur le Capitaine, restez encore un peu. Vous nous feriez plaisir.

LE POMPIER. – Voulez-vous que je vous raconte des anecdotes ?

MME SMITH. – Oh, bien sûr, vous êtes charmant.

Elle l'embrasse.

1. *Le Vicaire de Wakefield* : titre d'un roman anglais de Goldsmith (1728-1774).

M. SMITH, MME MARTIN, M. MARTIN. – Oui, oui, des anecdotes, bravo !

Ils applaudissent.

M. SMITH. – Et ce qui est encore plus intéressant, c'est que les histoires de pompier sont vraies, toutes, et vécues.

LE POMPIER. – Je parle de choses que j'ai expérimentées moi-même. La nature, rien que la nature. Pas les livres.

M. MARTIN. – C'est exact, la vérité ne se trouve d'ailleurs pas dans les livres, mais dans la vie.

MME SMITH. – Commencez !

M. MARTIN. – Commencez !

MME MARTIN. – Silence, il commence.

LE POMPIER, *toussote plusieurs fois*. – Excusez-moi, ne me regardez pas comme ça. Vous me gênez. Vous savez que je suis timide.

MME SMITH. – Il est charmant !

Elle l'embrasse.

LE POMPIER. – Je vais tâcher de commencer quand même. Mais promettez-moi de ne pas écouter.

MME MARTIN. – Mais, si on n'écoutait pas, on ne vous entendrait pas.

LE POMPIER. – Je n'y avais pas pensé !

MME SMITH. – Je vous l'avais dit : c'est un gosse.

M. MARTIN, M. SMITH. – Oh, le cher enfant !

Ils l'embrassent.

MME MARTIN. – Courage.

LE POMPIER. – Eh bien, voilà. *(Il toussote encore, puis commence d'une voix que l'émotion fait trembler.)* «Le Chien et le Bœuf», fable expérimentale : une fois, un autre bœuf demandait à un autre chien : «Pourquoi n'as-tu pas avalé ta trompe ? – Pardon, répondit le chien, C'est parce que j'avais cru que j'étais éléphant. »

MME MARTIN. – Quelle est la morale ?

LE POMPIER. – C'est à vous de la trouver.

M. SMITH. – Il a raison.

MME SMITH, *furieuse*. – Une autre.

LE POMPIER. – Un jeune veau avait mangé trop de verre pilé. En conséquence, il fut obligé d'accoucher. Il mit au monde une vache. Cependant, comme le veau était un garçon, la vache ne pouvait pas l'appeler «maman». Elle ne pouvait pas lui dire «papa» non plus, parce que le veau était trop petit. Le veau fut alors obligé de se marier avec une personne et la mairie prit alors toutes les mesures édictées par les circonstances à la mode.

M. SMITH. – À la mode de Caen.

M. MARTIN. – Comme les tripes.

LE POMPIER. – Vous la connaissiez donc ?

MME SMITH. – Elle était dans tous les journaux.

MME MARTIN. – Ça s'est passé pas loin de chez nous.

LE POMPIER. – Je vais vous en dire une autre. « Le Coq. » Une fois, un coq voulut faire le chien. Mais il n'eut pas de chance, car on le reconnut tout de suite.

MME SMITH. – Par contre, le chien qui voulut faire le coq n'a jamais été reconnu.

M. SMITH. – Je vais vous en dire une, à mon tour : « Le Serpent et le Renard ». Une fois, un serpent s'approchant d'un renard lui dit : « Il me semble que je vous connais ! » Le renard lui répondit : « Moi aussi. – Alors, dit le serpent, donnez-moi de l'argent. – Un renard ne donne pas d'argent », répondit le rusé animal qui, pour s'échapper, sauta dans une vallée profonde pleine de fraisiers et de miel de poule. Le serpent l'y attendait déjà, en riant d'un rire méphistophélique. Le renard sortit son couteau en hurlant : « Je vais t'apprendre à vivre ! » puis s'enfuit, en tournant le dos. Il n'eut pas de chance. Le serpent fut plus vif. D'un coup de poing bien choisi, il frappa le renard en plein front, qui se brisa en mille morceaux, tout en s'écriant : « Non ! Non ! Quatre fois non ! Je ne suis pas ta fille. »

MME MARTIN. – C'est intéressant.

MME SMITH. – C'est pas mal.

M. MARTIN, *il serre la main à M. Smith*. – Mes félicitations.

LE POMPIER, *jaloux*. – Pas fameuse. Et puis, je la connaissais.

M. SMITH. – C'est terrible.

MME SMITH. – Mais ça n'a pas été vrai.

MME MARTIN. – Si. Malheureusement.

M. MARTIN, *à Mme Smith*. – C'est votre tour, Madame.

MME SMITH. – J'en connais une seule. Je vais vous la dire. Elle s'intitule : «Le Bouquet».

M. SMITH. – Ma femme a toujours été romantique.

M. MARTIN. – C'est une véritable Anglaise.

MME SMITH. – Voilà : Une fois, un fiancé avait apporté un bouquet de fleurs à sa fiancée qui lui dit «merci»; mais avant qu'elle lui eût dit «merci», lui, sans dire un seul mot, lui prit les fleurs qu'il lui avait données pour lui donner une bonne leçon et, lui disant «je les reprends», il lui dit «au revoir» en les reprenant et s'éloigna par-ci, par-là.

M. MARTIN. – Oh, charmant !

> *Il embrasse ou n'embrasse pas Mme Smith.*

MME MARTIN. – Vous avez une femme, Monsieur Smith, dont tout le monde est jaloux.

M. SMITH. – C'est vrai. Ma femme est l'intelligence même. Elle est même plus intelligente que moi. En tout cas, elle est beaucoup plus féminine. On le dit.

MME SMITH, *au pompier*. – Encore une, Capitaine.

LE POMPIER. – Oh non, il est trop tard.

M. MARTIN. – Dites quand même.

LE POMPIER. – Je suis trop fatigué.

M. SMITH. – Rendez-nous ce service.

M. MARTIN. – Je vous en prie.

LE POMPIER. – Non.

MME MARTIN. – Vous avez un cœur de glace. Nous sommes sur des charbons ardents.

MME SMITH, *tombe à ses genoux, en sanglotant, ou ne le fait pas*. – Je vous en supplie.

LE POMPIER. – Soit.

M. SMITH, *à l'oreille de Mme Martin*. – Il accepte ! Il va encore nous embêter.

MME MARTIN. – Zut.

M. SMITH. – Pas de chance. J'ai été trop polie.

LE POMPIER. – « Le Rhume » : Mon beau-frère avait, du côté paternel, un cousin germain dont un oncle maternel avait un beau-père dont le grand-père paternel avait épousé en secondes noces une jeune indigène dont le frère avait rencontré, dans un de ses voyages, une fille dont il s'était épris et avec laquelle il eut un fils qui se maria avec une pharmacienne intrépide qui n'était autre que la nièce d'un quartier-maître inconnu de la Marine britannique et dont le père adoptif avait une tante parlant couramment l'espagnol et qui était, peut-être, une des petites-filles d'un ingénieur, mort jeune, petit-fils lui-même d'un propriétaire de vignes dont on tirait un vin médiocre, mais qui avait un petit-cousin, casanier, adjudant, dont le fils avait épousé une bien jolie jeune femme, divorcée, dont le premier mari était le fils d'un sincère patriote qui avait su élever dans le désir de faire fortune une de ses filles qui put se marier avec un chasseur qui avait connu Rothschild et dont le frère, après avoir changé plusieurs fois de métier, se maria et eut une fille dont le bisaïeul, chétif, portait des lunettes que lui avait données un sien cousin, beau-frère d'un Portugais, fils naturel d'un meunier, pas trop pauvre, dont le frère de lait avait pris pour femme la fille d'un ancien médecin de campagne, lui-même frère de lait du fils d'un laitier, lui-même fils naturel d'un autre médecin de campagne, marié trois fois de suite dont la troisième femme...

M. MARTIN. – J'ai connu cette troisième femme, si je ne me trompe. Elle mangeait du poulet dans un guêpier.

LE POMPIER. – C'était pas la même.

MME SMITH. – Chut !

LE POMPIER. – Je dis : ... dont la troisième femme était la fille de la meilleure sage-femme de la région et qui, veuve de bonne heure...

M. SMITH. – Comme ma femme.

LE POMPIER. –… s'était remariée avec un vitrier, plein d'entrain, qui avait fait, à la fille d'un chef de gare, un enfant qui avait su faire son chemin dans la vie…

MME SMITH. – Son chemin de fer…

M. MARTIN. – Comme aux cartes [1].

LE POMPIER. – Et avait épousé une marchande de neuf saisons, dont le père avait un frère, maire d'une petite ville, qui avait pris pour femme une institutrice blonde dont le cousin, pêcheur à la ligne…

M. MARTIN. – À la ligne morte ?

LE POMPIER. – … avait pris pour femme une autre institutrice blonde, nommée elle aussi Marie, dont le frère s'était marié à une autre Marie, toujours institutrice blonde…

M. SMITH. – Puisqu'elle est blonde, elle ne peut être que Marie.

LE POMPIER. – … et dont le père avait été élevé au Canada par une vieille femme qui était la nièce d'un curé dont la grand-mère attrapait, parfois, en hiver, comme tout le monde, un rhume.

MME SMITH. – Curieuse histoire. Presque incroyable.

1. Le chemin de fer est un jeu de cartes.

M. MARTIN. – Quand on s'enrhume, il faut prendre des rubans.

M. SMITH. – C'est une précaution inutile, mais absolument nécessaire.

MME MARTIN. – Excusez-moi, monsieur le Capitaine, mais je n'ai pas très bien compris votre histoire. À la fin, quand on arrive à la grand-mère du prêtre, on s'empêtre.

M. SMITH. – Toujours, on s'empêtre entre les pattes du prêtre.

MME SMITH. – Oh oui, Capitaine, recommencez ! tout le monde vous le demande.

LE POMPIER. – Ah ! Je ne sais pas si je vais pouvoir. Je suis en mission de service. Ça dépend de l'heure qu'il est.

MME SMITH. – Nous n'avons pas l'heure, chez nous.

LE POMPIER. – Mais la pendule ?

M. SMITH. – Elle marche mal. Elle a l'esprit de contradiction. Elle indique toujours le contraire de l'heure qu'il est.

Arrêt sur lecture 2

Conversation à quatre et cinq voix

Dans la scène VII, les personnages ont à peu près tous le même volume de parole. On note cependant une participation plus accentuée des Smith à la conversation, surtout sur le mode de la querelle. La première dispute concerne l'interruption de l'anecdote de Mme Martin par Mme Smith :

> M. SMITH. – Faut pas interrompre, chérie, tu es dégoûtante.
> MME SMITH. – Chéri, c'est toi, qui as interrompu le premier, mufle.

Cette altercation, parasitant l'intervention de Mme Martin, fait écho à la première confrontation de raisonnement entre les Smith concernant le docteur Mackenzie et à la première querelle du couple sur les habitudes de vie des hommes et des femmes à la fin de la scène I. Elle annonce aussi, sur un mode mineur, le différend concernant les coups de sonnette et la présence ou non de quelqu'un à la porte. Le conflit verbal permet à chacun d'avoir l'impression d'exister dans un monde où l'immobilisme est la règle. La vacuité des propos, signifiée par les nombreux silences, est rompue par une discussion sur la conséquence des coups de sonnette qui, en créant des tensions et des rapports de force entre les personnages, devient l'action de la scène VII.

Le début de la conversation respectait l'harmonie des couples – on pouvait noter une alliance des Smith contre les Martin à cause de leur retard : « Il y a quatre heures que nous vous attendons » –, mais peu à peu les rapports de force vont se modifier et perturber cette harmonie. Les femmes font montre d'un raisonnement empirique qui s'appuie sur la situation présente vécue par Mme Smith : « L'expérience nous apprend que lorsqu'on entend sonner à la porte, c'est qu'il n'y a personne. » Mme Martin soutient son hôtesse dès la première réplique agacée de M. Smith, d'une phrase brève et sèche : « Ce n'est pas une raison. » Elle affirme ensuite de façon catégorique : « Votre femme a raison », et répète ses propos – répétition de l'adverbe « jamais ». Cet accord féminin évolue peu à peu vers une agressivité à l'endroit des hommes : « Ah ! ces hommes qui veulent toujours avoir raison et qui ont toujours tort ! » s'exclame Mme Smith. On notera le ton péremptoire de la phrase qui s'apparente alors à un aphorisme*, avec l'emploi d'un présent de vérité générale et d'un pronom démonstratif à valeur péjorative. La tension va crescendo et aboutit à une critique de la personnalité des maris respectifs :

> MME SMITH. – Il ne veut pas en démordre.
> MME MARTIN. – Mon mari aussi est très têtu.

L'entêtement des femmes à vouloir faire d'une situation vécue immédiatement une vérité générale et absolue confine ici à l'absurde ; le lecteur-spectateur pense de façon rationnelle, comme M. Smith, que lorsqu'on sonne à la porte… il y a quelqu'un !

Le raisonnement de M. Smith, fondé sur la théorie et la logique, manifeste un goût évident pour la déduction. Cette aptitude a déjà été mise à l'épreuve lors de la première scène avec l'anecdote du docteur Mackenzie, la métaphore* filée de la marine anglaise et la date de naissance des nouveau-nés. Dans la scène VII, le ton de

M. Smith est tout aussi péremptoire que celui de sa femme, et l'alliance des hommes contrebalance celle des femmes. Elle ira également jusqu'à l'exaspération à l'endroit des femmes : « Oh ! vous, les femmes, vous vous défendez toujours l'une l'autre. » La déduction perspicace de M. Smith et son raisonnement théorique font preuve d'une réflexion logique ; en revanche, il refuse de tenir compte d'une situation présente et incontournable vécue par les quatre personnages et de l'éventualité d'une blague. Finalement, sa logique ressortit elle aussi à l'absurdité de la discussion.

Le rythme du texte

Le début de la pièce est rythmé par les claquements de langue de M. Smith et par les coups intempestifs de la pendule, mais le silence menace. Ce silence devient plus pesant encore lorsqu'il est partagé par quatre bourgeois anglais, dans l'atmosphère confinée d'un salon. La longue alternance entre réplique et silence ainsi que la vacuité des propos empêchent la conversation de démarrer, provoquent le rire du lecteur-spectateur. Le silence, dans la vie comme au théâtre, doit être banni : il faut dire, au risque de ne plus exister. Alors parler pour ne rien dire, évoquer le temps qu'il fait ou prononcer des truismes* permettent de remplir un espace sonore trop vide pour ne pas être inquiétant. N'est-ce pas une situation finalement réaliste, un cliché de la conversation mondaine ? Le texte présente ainsi au lecteur-spectateur le miroir inquiétant de sa propre angoisse.

Scène VII, Mme Smith trouve une issue possible en proposant un sujet de conversation extérieur à leur existence vouée à l'immobilisme : une « chose intéressante » à raconter provenant des voyages des Martin. La narration par Mme Martin de l'anecdote de l'homme qui noue son lacet, soutenue par l'anecdote de M. Martin, elle-même interrompue par Mme Smith, pose le langage au cœur de la fable et dynamise l'action de la pièce. Il s'agit pour l'auteur de dire des « vérités essentielles », de montrer que l'« insolite est partout dans le langage [...] dans le fait d'exister, d'être ». Dans les *Entretiens* avec Claude Bonnefoy, il explique à propos de *La Cantatrice chauve* qu'il « écri[t] du théâtre pour exprimer [un] sentiment d'étonnement, de stupéfaction » et pour la « mise en lumière de l'être, de l'insolite de l'être en bloc dans [son] étonnement devant l'existence ». Cette fascination est signifiée par l'exclamation : « Fantastique ! », prononcée par le public de Mme Martin.

L'étape suivante du crescendo verbal est la discussion et l'affrontement entre les hommes et les femmes. Le rythme s'accélère, les phrases sont brèves, les exclamations récurrentes ; de mondain, le ton devient agressif jusqu'à la décision de M. Smith d'aller voir lui-même à la porte. Un silence clôt alors la querelle. Il est comblé par la gestuelle, la didascalie* précisant le scepticisme des femmes par un haussement d'épaules et un hochement de tête.

L'arrivée du pompier, scène VIII, va redynamiser l'action : informer le nouveau venu, c'est redonner corps à la dispute ; le pompier doit calmer l'assemblée avec un « ne vous énervez pas » très conciliant. C'est celui par qui arrivera la solution : l'excitation gagne, la volonté d'avoir raison l'emporte dans le tourbillon des questions, mais l'issue tant attendue par les deux partis est une impasse : « Lorsqu'on sonne à la porte, des fois il y a quelqu'un, d'autres fois il n'y a personne. [...] Les choses sont simples, en réalité. » Ionesco conjugue ici des « vérités simultanées », comme le dit Simone Benmussa dans son ouvrage sur les mises en scène des pièces de Ionesco. Il a fallu l'entrée du pompier pour recréer une phase d'excitation verbale, il faut le sang-froid du pompier pour calmer l'assemblée. Les personnages pantins se sont égarés dans des dédales de raisonnement... pour rien ! Tout est à recommencer. Pourtant, le danger s'installe dans le temps et veille :

que ce soit par les coups d'une pendule affolée ou par une sonnette dont la sonnerie est niée, l'accélération est le signe de l'abolition du temps. « Et si derrière les portes il n'y avait que du vide ? » (Simone Benmussa). Chronique d'une panique annoncée… et pourtant les personnages attendent un peu d'espoir.

Pour une lecture

Nous nous proposons d'étudier ici, dans la scène VIII, le passage qui va de : « LE POMPIER. – Voulez-vous que je vous raconte… », jusqu'à : « MME MARTIN. – Si. Malheureusement. »

Introduction

Situation du passage – Le pompier, personnage qui fait irruption au milieu d'une conversation mondaine et ennuyeuse, a déjà narré ses histoires de pompier à la recherche d'incendie, mais on lui demande de « rester encore ». Il propose alors, pour égayer la soirée, de raconter des anecdotes, à l'approbation générale : « Oui, oui, des anecdotes, bravo ! » L'excitation est à son comble.

Caractérisation du passage – Il s'agit d'une conversation à cinq personnages dans laquelle sont insérés de courts récits autonomes apparentés à des fables. Quand les personnages racontent des histoires, on parle de métadiscours*.

Entrée – Voici la définition d'une fable : « petit récit moralisant qui met en scène des animaux » (Alain Rey, *Dictionnaire historique de la langue française*).

Relisez les fables du pompier et notez tous les éléments participant de la définition ci-dessus.

Relevez les invraisemblances de ces fables…

Vous indiquerez tous les termes relevant de la parole et de la mise en voix. Que pouvez-vous en conclure quant à l'organisation de la scène ?

Développement : axes de lecture

1 – Les fables expérimentales

a) Des fables...

Les histoires que racontent les personnages se présentent comme des fables : de courts récits titrés, mettant en scène des animaux – « Le Chien et le Bœuf », « Le Coq », « Le Veau », « Le Serpent et le Renard ».

On y repère un certain nombre de caractéristiques du genre : « Une fois, un autre bœuf demandait à un autre chien », soit l'emploi de l'article indéfini, lié à l'indétermination des protagonistes, qui renvoie à une volonté d'atemporalité ; l'emploi de : « Une fois », qui renvoie à un hors-temps mythique, ou encore celui des temps du passé.

En étudiant l'intertexte*, nous retrouvons le bestiaire des fabulistes tel que La Fontaine : le renard « rusé » qui nous fait penser aux fables comme « Le Renard et la Cigogne », « Le Renard et le Bouc », le coq du pompier qui nous fait penser à « La grenouille qui veut se faire aussi grosse que le bœuf » et au « Loup devenu berger ».

La définition des fables proposée au début de la lecture semble donc respectée. Pourtant... cette analyse laisse bien des scories*.

b) Des fables, oui... mais expérimentales !

On remarque l'absence de récit moralisateur. « Quelle est la morale ? » demande, inquiète, Mme Martin. L'horizon d'attente créé par l'annonce de fables n'est pas respecté. Le pompier répond que « c'est à [n]ous de la trouver », ce qui rend furieuse Mme Smith.

On remarque aussi l'annulation de l'atemporalité. La fable du veau devient un fait divers : « MME MARTIN. – Ça s'est passé pas loin de chez nous. » L'emploi du passé composé (« Mais ça n'a pas été vrai ») ramène l'atemporalité à un ancrage dans le temps réel.

De plus, logique et non-sens s'enchevêtrent. Bien des informations participent de l'absurdité : la confusion des corps (le chien et le coq), la confusion des sexes (le veau et le serpent), la confusion des liens de parenté (le veau et le serpent). Pourtant, les récits respectent la logique grammaticale : de nombreuses articulations logiques (parce que, en conséquence, cependant, alors) et une parodie* de syllogisme* à propos du chien.

La rigueur formelle est un contrepoint à l'absurdité thématique. Il s'agit bien là d'une création ludique d'histoires folles mais inquiétantes…

c) Les fables du malaise

Il y a un malaise verbal. Le vocabulaire familier devient suspect. « Un autre bœuf » : quel autre bœuf ? L'absence de référent* nuit à la compréhension. Est-ce le bœuf de La Fontaine dont il s'agit ici ?… Le veau est une vache, le chien se prend pour un éléphant, la poule fait du miel, le serpent boxe avec ses pattes : la relation entre signifiant et signifié est perturbée. Les mots ne renvoient plus à une réalité connue. Les fables deviennent alors un problème de langage.

Il y a aussi un malaise inconscient. Les anecdotes renvoient à des fantasmes de l'enfance : la dévoration et l'évacuation (avaler sa trompe, manger du verre pilé, accoucher, les tripes), la violence (présente notamment dans toute la fable du serpent et du renard), la quête d'identité et la relation aux parents (le veau et sa parenté confuse, le serpent et sa dernière phrase adressée au renard : « Je ne suis pas ta fille », le coq qui veut faire le chien) et, enfin, la sexualité (la trompe de l'éléphant comme symbole phallique et le veau). Il s'agit de révéler des peurs enfouies dans un inconscient enfantin.

Les personnages de la pièce semblent à ce moment-là sombrer dans la folie ; le délire verbal est très proche. Ce qui frappe par ailleurs le lecteur-spectateur, c'est l'aptitude qu'ont les personnages à se mettre en scène.

Identifiez-vous cette scène ? Et plus précisément les répliques des personnages ? (Il s'agit d'une représentation aux Noctambules : vous trouverez le nom des comédiens sur l'affiche de la page 6). Faites le lien entre l'expression des visages et ces répliques, comme si vous étiez le metteur en scène.

2 – La mise en scène du langage

Il s'agit à ce moment de la pièce de divertir un salon qui s'ennuie fortement. Déjà, au XVIIᵉ siècle, Molière, dans *Les Femmes savantes*, faisait intervenir un « bel esprit », Trissotin, pour lire un sonnet aux précieuses, ou encore, dans *Le Misanthrope*, il permettait à Célimène de briller devant les petits marquis dans la scène des portraits.

a) Les acteurs

Le pompier propose un divertissement, un jeu social : « Voulez-vous que je vous raconte des anecdotes ? » Il est considéré par les autres pour son expérience, c'est une valeur sûre. On note cependant son trac dans les didascalies* : il « toussote plusieurs fois », il a la voix qui

« tremble » d'émotion et il hésite à commencer : « Excusez-moi, ne me regardez pas comme ça. Vous me gênez » ; « Mais promettez-moi de ne pas écouter »…

Les autres personnages s'enhardissent à son contact. Ainsi M. Smith propose lui aussi une anecdote (sa femme le fera un peu après). On remarque l'assurance de ce deuxième conteur marquée par la phrase d'annonce – « Je vais vous en dire une, à mon tour » – mais aussi par la longueur de sa fable (c'est en effet la plus longue de la scène).

Le mécanisme est désormais enclenché. Grâce à un personnage extérieur, les Martin et les Smith ont trouvé une occupation mondaine : le jeu sur le langage.

b) Le public et ses réactions

L'exclamation du couple Martin et de M. Smith : « Oui, oui, des anecdotes, bravo ! », les impératifs : « Commencez », les embrassades et les applaudissements réitérés, les exclamations comme « il est charmant ! » ou « oh, le cher enfant ! » marquent l'enthousiasme, l'impatience et les encouragements des quatre bourgeois. Enfin quelqu'un vient combler le vide de la conversation !

Plus précisément, l'impatience est surtout ressentie par les personnages féminins. Mme Smith est prompte à embrasser le pompier, Mme Martin l'encourage et demande le silence. Non seulement le pompier comble un vide intolérable, mais de toute évidence il émoustille la gente féminine. L'anecdote de M. Smith (personnage d'un quotidien ennuyeux) est d'ailleurs reçue beaucoup plus fraîchement :

> MME MARTIN. – C'est intéressant.
> MME SMITH. – C'est pas mal.

Chez ce public attentif et actif, chaque anecdote suscite une réaction critique (« Quelle est la morale ? ») ou une participation ludique :

> LE POMPIER. – [...] la mairie prit alors toutes les mesures édictées par les circonstances à la mode.

M. SMITH. – À la mode de Caen.
M. MARTIN. – Comme les tripes. [...]
MME SMITH. – Par contre, le chien qui voulut faire le coq n'a jamais été reconnu.

« On n'en peut plus./ On se pâme./ On meurt de plaisir. » écrivait Molière dans *Les Femmes savantes*. Les personnages existent désormais, grâce à la présence du pompier, en tant qu'êtres sociaux, en tant qu'êtres pensants, en tant que femmes. Néanmoins, à trop s'adonner aux jeux du langage, leur existence est menacée par la folie.

c) Le métadiscours

Au champ lexical de la parole – « raconte », « histoires de pompier », « je parle », « on n'écoutait pas » (deux occurrences*), « entendrait pas » – se superpose celui de la mise en voix – « Bravo ! », « commencez ! », « Silence, il commence » (quatre occurrences*), « ne me regardez pas. Vous me gênez ». Le pompier joue devant l'assemblée le rôle du conteur.

On peut alors constater un crescendo dans la mise en scène de la folie verbale. Le comportement des personnages s'apparente à celui des malades mentaux : la logique qui tourne à vide, les calembours, les obsessions inconscientes. Les personnages ont-ils encore le choix face au langage ?

Et qu'en est-il du lecteur-spectateur ? Si les personnages de *La Cantatrice chauve* sont considérés, à ce moment du texte, comme fous, tout va bien pour nous... En revanche, s'ils ne sont que le miroir grossissant de nos propres comportements sociaux et langagiers, le comique de la scène devient alors tragique. La mise en scène de la parole est alors l'image des limites de notre langage et de sa folie.

Un personnage joue un rôle, le pompier conte et divertit ; le public des bourgeois rit, rit du pompier, et rit de lui-même. Quelle spirale !

Conclusion
Épisode de divertissement pour les Smith et leurs hôtes, possibilité de briller dans un salon mondain pour le pompier, la scène VIII amuse… mais qui ? Les personnages pris au piège de leur propre jeu et du langage, ou les lecteurs-spectateurs conscients du double masque de la comédie ?

« Tout le monde me dit que c'est injouable »

La mise en scène de Nicolas Bataille
Le parti pris de la mise en scène ne s'est pas imposé de lui-même pour cette pièce d'un style nouveau, la jeune troupe a tâtonné. « Nous avons essayé de la monter comme le théâtre des Branquignol, de façon farcesque et absurde, mais ça ne faisait pas rire lors des répétitions », raconte Nicolas Bataille lors de notre entretien, le 6 février 1998. La mise en scène était un pléonasme*, en regard du texte. Akakia Viala proposa de jouer la pièce de façon sérieuse et Nicolas Bataille en fit alors une parodie* de drame bourgeois à la Hedda Gabler. La lecture des textes de Jules Verne, et notamment des aventures de Philéas Fogg, inspira le jeu très flegmatique des acteurs : « Un bon Anglais ne plaisante jamais », dit Philéas dans *Le Tour du monde en quatre-vingts jours*. C'est le décalage entre l'extrême sérieux du jeu des acteurs et le texte absurde qui crée ainsi le comique du spectacle.

Quelle lecture Nicolas Bataille a-t-il faite de ce texte ? Les alliances temporaires entre les personnages (entre couples, entre personnages du même sexe, entre bourgeois contre la bonne…), le jeu sur les rythmes et les crescendos, et l'« insinuation de l'étrange » fondent les moments essentiels de la mise en scène. Il s'agit de traduire visuelle-

La cantatrice n'est pas seulement chauve, elle est aussi éternelle… Repérez-vous des différences entre cette mise en scène de la Huchette et celle des Noctambules (voir p. 86) ?

ment les différents paliers de la dynamique de l'action. En ce qui concerne le finale, le metteur en scène précise :

« Au moment où M. Smith, exaspéré, s'écrie : «À bas le cirage ! » […] nous nous jetons les uns sur les autres. Ensuite, quand Mme Martin se précipite sur Mme Smith laquelle la gifle, Mme Martin s'évanouit et nous disons : «N'y touchez pas, elle est brisée.» Puis à nouveau un autre départ avec : «C'est pas par là, c'est par ici.» Nous nous sommes jeté n'importe quoi à la tête, tous les mots, toutes les voyelles, le dialogue est complètement désintégré. **»**

Ionesco écrit à propos des mises en scène possibles de son texte :

« Le sérieux des personnages contrastant avec le texte insensé est une des meilleures interprétations possibles. **»**

Préférez-vous le costume du pompier tel qu'il est ici, à la Huchette, ou tel qu'il était aux Noctambules (voir p. 86) ?

Nicolas Bataille décide de monter la pièce dans une atmosphère 1900 pour éviter la reprise des illustrations de la méthode Assimil et pour donner au texte un caractère atemporel. Mais une jeune troupe peu argentée et qui prétend monter une pièce méconnue rencontre des difficultés matérielles. Pourtant Pierre Leuris, le directeur du théâtre des Noctambules, accepte de prêter son théâtre ; Claude Autant-Lara propose les costumes du film qu'il tourne alors, *Occupe-toi d'Amélie*. Quant au décor, il est sommaire, ce ne sont que quelques meubles pris au Village Suisse. Les personnages sont joués par de jeunes acteurs (voir la distribution dans la liste des personnages, p. 22).

Par la suite, c'est Jacques Noël qui créera les costumes et le décor. À la demande de Nicolas Bataille, il réalisera un décor entre le drame bourgeois conventionnel et les illustrations des ouvrages de Jules Verne par Hetzel. Voici ce qu'en pense Ionesco à l'époque :

« Ils étaient gracieux les jeunes comédiens de la troupe de Nicolas Bataille dans *La Cantatrice chauve* : du vide endimanché, du vide charmant, du vide fleuri, du vide à semblant de figures, du vide jeune, du vide contemporain. Ils étaient malgré tout eux-mêmes, charmants au-delà du rien. »

Depuis un certain 11 mai 1950 à 18h30...

En 1950, vingt-cinq représentations ont lieu aux Noctambules. En 1952, des représentations sont données au théâtre de la Huchette d'octobre à avril. De février 1957 à... aujourd'hui, même spectacle à la Huchette ! Comment est-ce possible ? Nicolas Bataille propose plusieurs réponses à cette question devenue classique. Le lieu géographique – un quartier estudiantin à Paris qui n'a plus qu'un théâtre et le plus petit de la capitale (90 places) –, des rôles et des personnages qui n'ont pas d'âge et une évolution évidente du public.

La qualité des représentations dépend bien sûr de celui-ci. « Hier [le 5 février 1998], le public a été formidable », avoue Nicolas Bataille, et d'ajouter avec humour : « On s'est dit à la fin de la représentation, ça va marcher cette pièce ! » Bien évidemment, la distribution d'acteurs varie, on compte de sept à huit comédiens par rôle. Trois comédiens de la première heure jouent encore de temps en temps : Nicolas Bataille (M. Martin), Simone Mozet (Mme Martin), Odette Barrois (la bonne). La mise en scène n'a subi qu'une seule modification depuis sa création. La première didascalie* n'était pas dite lors des premières représentations et la pièce s'ouvrait sur les propos de Mme Smith. Mais Ionesco demanda à ce qu'elle soit lue ; il est alors décidé de la dire en voix *off* dans le noir, après le précipité.

La Cantatrice chauve prend l'allure d'un véritable mythe, avec ses atours de la première heure. Mais les acteurs ne sont pas des mythes ! Lorsque l'on demande à Nicolas Bataille s'il compte jouer la pièce encore longtemps, voici ce qu'il répond :

« Ça m'amuse de jouer. Tant qu'il y a une comédienne de mon âge et tant que je n'ai pas à jouer avec des béquilles, je jouerai car c'est une expérience unique. Une œuvre n'existe que si elle est universelle. »

à vous...

1 – À partir de l'analyse de la parole, et en vous référant à l'analyse de l'alliance des femmes contre les hommes, montrez comment fonctionne l'alliance des hommes contre les femmes. Quelles différences constatez-vous ? Quelle est l'intention de l'auteur ?

2 – La photo reproduite p. 90 représente les deux couples, les Smith et les Martin, assis dans le salon anglais, dans le décor de Jacques Noël. On remarque la volonté d'inscrire les personnages dans un décor bourgeois, ainsi que le stipule le texte : fauteuils, table de salon et lampe, décors peints avec arabesques et colonnades. Les personnages sont assis : à gauche, M. Martin et Mme Smith (elle ne porte pas de chapeau puisqu'elle est chez elle), à droite, M. Smith et Mme Martin. Trois des acteurs ont le regard et le corps tournés vers la droite (vers le public) dans une attitude d'expectative. On remarque que leurs regards, entraînant celui du spectateur, sont dirigés vers le visage de Mme Martin. Elle est la seule à regarder dans une autre direction, elle est la seule à porter un chapeau, elle est celle qui peut annoncer une nouvelle extérieure : c'est l'anecdote de l'homme qui noue les lacets de sa chaussure. Tout le monde l'attend, l'écoute et s'exclame : « Fantastique ! »
À vous de jouer et de trouver à quel moment du texte se situe la deuxième photo (p. 91) !

SCÈNE IX

LES MÊMES, AVEC MARY.

MARY. – Madame… Monsieur…

MME SMITH. – Que voulez-vous ?

M. SMITH. – Que venez-vous faire ici ?

MARY. – Que madame et monsieur m'excusent… et ces dames et messieurs aussi… Je voudrais… Je voudrais… à mon tour… vous dire une anecdote.

MME MARTIN. – Qu'est-ce qu'elle dit ?

M. MARTIN. – Je crois que la bonne de nos amis devient folle… Elle veut dire elle aussi une anecdote.

LE POMPIER. – Pour qui se prend-elle ? *(Il la regarde.)* Oh !

MME SMITH. – De quoi vous mêlez-vous ?

M. SMITH. – Vous êtes vraiment déplacée, Mary…

LE POMPIER. – Oh ! mais c'est elle ! Pas possible.

M. SMITH. – Et vous ?

MARY. – Pas possible ! ici ?

MME SMITH. – Qu'est-ce que ça veut dire, tout ça !

M. SMITH. – Vous êtes amis ?

LE POMPIER. – Et comment donc !

Mary se jette au cou du pompier.

MARY. – Heureuse de vous revoir… enfin !

M. ET MME SMITH. – Oh !

M. SMITH. – C'est trop fort, ici, chez nous, dans les environs de Londres.

MME SMITH. – Ce n'est pas convenable !…

LE POMPIER. – C'est elle qui a éteint mes premiers feux.

MARY. – Je suis son petit jet d'eau.

M. MARTIN. – S'il en est ainsi… chers amis… ces sentiments sont explicables, humains, honorables…

MME MARTIN. – Tout ce qui est humain est honorable.

MME SMITH. – Je n'aime quand même pas la voir là… parmi nous…

M. SMITH. – Elle n'a pas l'éducation nécessaire...

LE POMPIER. – Oh, vous avez trop de préjugés.

MME MARTIN. – Moi je pense qu'une bonne, en somme, bien que cela ne me regarde pas, n'est jamais qu'une bonne...

M. MARTIN. – Même si elle peut faire, parfois, un assez bon détective.

LE POMPIER. – Lâche-moi.

MARY. – Ne vous en faites pas !... Ils ne sont pas si méchants que ça.

M. SMITH. – Hum... hum... vous êtes attendrissants, tous les deux, mais aussi un peu... un peu...

M. MARTIN. – Oui, c'est bien le mot.

M. SMITH. –... Un peu trop voyants...

M. MARTIN. – Il y a une pudeur britannique, excusez-moi encore une fois de préciser ma pensée, incomprise des étrangers, même spécialistes, grâce à laquelle, pour m'exprimer ainsi... enfin, je ne dis pas ça pour vous...

MARY. – Je voulais vous raconter...

M. SMITH. – Ne racontez rien...

MARY. – Oh si !

MME SMITH. – Allez, ma petite Mary, allez gentiment à la cuisine y lire vos poèmes, devant la glace…

M. MARTIN. – Tiens, sans être bonne, moi aussi je lis des poèmes devant la glace.

MME MARTIN. – Ce matin, quand tu t'es regardé dans la glace tu ne t'es pas vu.

M. MARTIN. – C'est parce que je n'étais pas encore là…

MARY. – Je pourrais, peut-être, quand même vous réciter un petit poème.

MME SMITH. – Ma petite Mary, vous êtes épouvantablement têtue.

MARY. – Je vais vous réciter un poème, alors, c'est entendu ? C'est un poème qui s'intitule « Le Feu » en l'honneur du Capitaine.

LE FEU

Les polycandres [1] brillaient dans les bois
Une pierre prit feu
Le château prit feu
La forêt prit feu
Les hommes prirent feu
Les femmes prirent feu
Les oiseaux prirent feu

1. Néologisme* formé à partir de *poly* (plusieurs) et de *candere* (brûler).

> Les poissons prirent feu
> L'eau prit feu
> Le ciel prit feu
> La cendre prit feu
> La fumée prit feu
> Le feu prit feu
> Tout prit feu
> Prit feu, prit feu

Elle dit le poème poussée par les Smith hors de la pièce.

SCÈNE X

LES MÊMES, SANS MARY.

MME MARTIN. – Ça m'a donné froid dans le dos…

M. MARTIN. – Il y a pourtant une certaine chaleur dans ces vers…

LE POMPIER. – J'ai trouvé ça merveilleux.

MME SMITH. – Tout de même…

M. SMITH. – Vous exagérez…

LE POMPIER. – Écoutez, c'est vrai… tout ça c'est très subjectif… mais ça c'est ma conception du monde. Mon rêve.

Mon idéal... et puis ça me rappelle que je dois partir. Puisque vous n'avez pas l'heure, moi, dans trois quarts d'heure et seize minutes exactement j'ai un incendie, à l'autre bout de la ville. Il faut que je me dépêche. Bien que ce ne soit pas grand-chose.

MME SMITH. – Qu'est-ce que ce sera ? Un petit feu de cheminée ?

LE POMPIER. – Oh même pas. Un feu de paille et une petite brûlure d'estomac.

M. SMITH. – Alors, nous regrettons votre départ.

MME SMITH. – Vous avez été très amusant.

MME MARTIN. – Grâce à vous, nous avons passé un vrai quart d'heure cartésien.

LE POMPIER *se dirige vers la sortie, puis s'arrête.* – À propos, et la Cantatrice chauve ?

> *Silence général, gêne.*

MME SMITH. – Elle se coiffe toujours de la même façon.

LE POMPIER. – Ah ! Alors au revoir, messieurs, dames.

M. MARTIN. – Bonne chance, et bon feu !

LE POMPIER. – Espérons-le. Pour tout le monde.

> *Le pompier s'en va. Tous le conduisent jusqu'à la porte et reviennent à leurs places.*

SCÈNE XI

LES MÊMES, SANS LE POMPIER.

MME MARTIN. – Je peux acheter un couteau de poche pour mon frère, mais vous ne pouvez acheter l'Irlande pour votre grand-père.

M. SMITH. – On marche avec les pieds, mais on se réchauffe à l'électricité ou au charbon.

M. MARTIN. – Celui qui vend aujourd'hui un bœuf, demain aura un œuf.

MME SMITH. – Dans la vie, il faut regarder par la fenêtre.

MME MARTIN. – On peut s'asseoir sur la chaise, lorsque la chaise n'en a pas.

M. SMITH. – Il faut toujours penser à tout.

M. MARTIN. – Le plafond est en haut, le plancher est en bas.

MME SMITH. – Quand je dis oui, c'est une façon de parler.

MME MARTIN. – À chacun son destin.

M. SMITH. – Prenez un cercle, caressez-le, il deviendra vicieux !

MME SMITH. – Le maître d'école apprend à lire aux enfants, mais la chatte allaite ses petits quand ils sont petits.

MME MARTIN. – Cependant que la vache nous donne ses queues.

M. SMITH. – Quand je suis à la campagne, j'aime la solitude et le calme.

M. MARTIN. – Vous n'êtes pas encore assez vieux pour cela.

MME SMITH. – Benjamin Franklin avait raison vous êtes moins tranquille que lui.

MME MARTIN. – Quels sont les sept jours de la semaine ?

M. SMITH. – *Monday, Tuesday, Wednesday, Thursday, Friday, Saturday, Sunday.*

M. MARTIN. – *Edward is a clerck ; his sister Nancy is a typist, and his brother William a shop-assistant.*

MME SMITH. – Drôle de famille !

MME MARTIN. – J'aime mieux un oiseau dans un champ qu'une chaussette dans une brouette.

M. SMITH. – Plutôt un filet dans un chalet, que du lait dans un palais.

M. MARTIN. – La maison d'un Anglais est son vrai palais [1].

MME SMITH. – Je ne sais pas assez d'espagnol pour me faire comprendre.

1. Traduction littérale de l'expression «*An englishman's home is his castel*».

MME MARTIN. – Je te donnerai les pantoufles de ma belle-mère si tu me donnes le cercueil de ton mari.

M. SMITH. – Je cherche un prêtre monophysite [1] pour le marier avec notre bonne.

M. MARTIN. – Le pain est un arbre tandis que le pain est aussi un arbre, et du chêne naît un chêne, tous les matins à l'aube.

MME SMITH. – Mon oncle vit à la campagne mais ça ne regarde pas la sage-femme.

M. MARTIN. – Le papier c'est pour écrire, le chat c'est pour le rat. Le fromage c'est pour griffer.

MME SMITH. – L'automobile va très vite, mais la cuisinière prépare mieux les plats.

M. SMITH. – Ne soyez pas dindons, embrassez plutôt le conspirateur.

M. MARTIN. – *Charity begins at home* [2].

MME SMITH. – J'attends que l'aqueduc vienne me voir à mon moulin.

M. MARTIN. – On peut prouver que le progrès social est bien meilleur avec du sucre.

1. Hérétique du Ve siècle n'admettant qu'une seule nature dans la personne du Christ.
2. Proverbe anglais signifiant : «Charité bien ordonnée commence par soi-même».

M. SMITH. – À bas le cirage !

> *À la suite de cette dernière réplique de
> M. Smith, les autres se taisent un instant,
> stupéfaits. On sent qu'il y a un certain
> énervement. Les coups que frappe la pen-
> dule sont plus nerveux aussi. Les répliques
> qui suivent doivent être dites, d'abord, sur
> un ton glacial, hostile. L'hostilité et l'éner-
> vement iront en grandissant. À la fin de
> cette scène, les quatre personnages
> devront se trouver debout, tout près les uns
> des autres, criant leurs répliques, levant
> les poings, prêts à se jeter les uns sur les
> autres.*

M. MARTIN. – On ne fait pas briller ses lunettes avec du cirage noir.

MME SMITH. – Oui, mais avec l'argent on peut acheter tout ce qu'on veut.

M. MARTIN. – J'aime mieux tuer un lapin que de chanter dans le jardin.

M. SMITH. – Kakatoes, kakatoes, kakatoes, kakatoes, kaka-toes, kakatoes, kakatoes, kakatoes, kakatoes, kakatoes.

MME SMITH. – Quelle cacade [1], quelle cacade, quelle cacade, quelle cacade, quelle cacade, quelle cacade, quelle cacade, quelle cacade, quelle cacade.

1. Brusque évacuation intestinale (mot désuet).

M. MARTIN. – Quelle cascade de cacades, quelle cascade de cacades, quelle cascade de cacades, quelle cascade de cacades, quelle cascade de cacades, quelle cascade de cacades, quelle cascade de cacades, quelle cascade de cacades.

M. SMITH. – Les chiens ont des puces, les chiens ont des puces.

MME MARTIN. – Cactus, coccyx ! cocus [1] ! cocardard [2] ! cochon !

MME SMITH. – Encaqueur [3], tu nous encaques.

M. MARTIN. – J'aime mieux pondre un œuf que voler un bœuf.

MME MARTIN, *ouvrant tout grand la bouche*. – Ah ! oh ! ah ! oh ! laissez-moi grincer des dents.

M. SMITH. – Caïman !

M. MARTIN. – Allons gifler Ulysse.

M. SMITH. – Je m'en vais habiter ma cagna dans mes cacaoyers.

MME MARTIN. – Les cacaoyers des cacaoyères donnent pas des cacahuètes, donnent du cacao ! Les cacaoyers des cacaoyères donnent pas des cacahuètes, donnent du cacao ! Les cacaoyers des cacaoyères donnent pas des cacahuètes, donnent du cacao.

1. Insecte vivant sur une cactée.
2. Néologisme construit à partir de *cocardier*.
3. Celui qui entasse le poisson salé dans des barriques appelées caques.

MME SMITH. – Les souris ont des sourcils, les sourcils n'ont pas de souris.

MME MARTIN. – Touche pas ma babouche !

M. MARTIN. – Bouge pas la babouche !

M. SMITH. – Touche la mouche, mouche pas la touche.

MME MARTIN. – La mouche bouge.

MME SMITH. – Mouche ta bouche.

M. MARTIN. – Mouche le chasse-mouche, mouche le chasse-mouche.

M. SMITH. – Escarmoucheur [1] escarmouché !

MME MARTIN. – Scaramouche [2] !

MME SMITH. – Sainte-Nitouche !

M. MARTIN. – T'en as une couche !

M. SMITH. – Tu m'embouches.

MME MARTIN. – Sainte Nitouche touche ma cartouche.

MME SMITH. – N'y touchez pas, elle est brisée.

1. Celui qui fait des escarmouches, de petites échauffourées (mot désuet).
2. Acteur de l'ancienne comédie italienne, la *commedia dell'arte* (XVIIᵉ siècle).

M. MARTIN. – Sully !

M. SMITH. – Prudhomme [1] !

MME MARTIN, M. SMITH. – François.

MME SMITH, M. MARTIN. – Coppée [2].

M. MARTIN, M. SMITH. – Coppée Sully !

MME SMITH, M. MARTIN. – Prudhomme François.

MME MARTIN. – Espèces de glouglouteurs, espèces de glou-
glouteuses.

M. MARTIN. – Mariette, cul de marmite !

MME SMITH. – Khrishnamourti, Khrishnamourti, Khrishnamourti [3] !

M. SMITH. – Le pape dérape ! Le pape n'a pas de soupape. La
soupape a un pape.

MME MARTIN. – Bazar, Balzac, Bazaine [4] !

M. MARTIN. – Bizarre, beaux-arts, baisers !

---

1. Poète français (1839-1907), auteur du fameux poème « Le vase brisé » (1869).
2. Poète français (1842-1908).
3. Mystique indien (1895-1986).
4. Maréchal de France, il capitula face aux Prussiens en 1870. Son nom com-
porte maintenant une connotation de lâcheté.

M. SMITH. – A, e, i, o, u, a, e, i, o, u, a, e, i, o, u, i !

MME MARTIN. – B, c, d, f, g, l, m, n, p, r, s, t, v, w, x, z !

M. MARTIN. – De l'ail à l'eau, du lait à l'ail !

MME SMITH, *imitant le train*. – Teuff, teuff, teuff, teuff, teuff, teuff, teuff, teuff, teuff, teuff, teuff !

M. SMITH. – C'est !

MME MARTIN. – Pas !

M. MARTIN. – Par !

MME SMITH. – Là !

M. SMITH. – C'est !

MME MARTIN. – Par !

M. MARTIN. – I !

MME SMITH. – Ci !

> *Tous ensemble, au comble de la fureur, hurlent les uns aux oreilles des autres. La lumière s'est éteinte. Dans l'obscurité on entend sur un rythme de plus en plus rapide.*

TOUS ENSEMBLE. – C'est pas par là, c'est par ici, c'est pas par là, c'est par ici, c'est pas par là, c'est par ici, c'est pas par là, c'est par ici, c'est pas par là, c'est par ici, c'est pas par là, c'est par ici !

> *Les paroles cessent brusquement. De nouveau, lumière. M. et Mme Martin sont assis comme les Smith au début de la pièce. La pièce recommence avec les Martin, qui disent exactement les répliques des Smith dans la première scène, tandis que le rideau se ferme doucement.*

RIDEAU

Arrêt sur lecture 3

Mary : « Je suis la bonne »

Une « incidente »

Le personnage de la bonne fonctionne sur le mode de la parodie* :
scène II, son autoportrait à la manière de celui de Mme Smith déve-
loppe l'illustration de la méthode Assimil ; son monologue, scène V,
parodie les déductions des romans policiers. Mary ne participe pas
véritablement à la vie des Smith, sauf lorsqu'elle fait entrer les
hôtes, scène III. Mais quel accueil ! La violence de ses propos surprend et fait rire, à moins qu'elle ne nous mette mal à l'aise.

Ce personnage appartient au monde extérieur et est susceptible,
face à la monotonie ambiante, d'apporter des nouvelles intéressantes, voire inquiétantes. Elle n'est d'ailleurs par vraiment incluse
dans l'échange verbal, ses interventions tiennent plus du monologue que de la participation au dialogue. Sa véritable incursion
dans la vie des Smith est une « incidente », comme l'appelle Nicolas
Bataille, puisqu'elle écoute aux portes et propose, comme si elle faisait partie de la soirée, de narrer une anecdote.

« Ça m'a donné froid dans le dos »

Ce personnage de la bonne a plusieurs fonctions. Par son arrivée impromptue, Mary accélère le rythme de l'action. L'agacement des bourgeois va grandissant : des questions agressives, des remarques désagréables, des phrases jussives* aboutissent à la sortie précipitée de cet élément perturbateur. Son entrée est vécue comme une agression, ce qui explique la cascade de remarques acides à son endroit comme : « Que venez-vous faire ici ? », « Pour qui se prend-elle ? », « De quoi vous mêlez-vous ? », ou encore : « Vous êtes vraiment déplacée ». Si sa présence agresse, elle est aussi l'occasion de propos caustiques libérateurs.

Son entrée et sa reconnaissance enthousiaste du pompier perturbent l'assemblée parce qu'elle rompt les conventions sociales et britanniques, comme l'explique M. Martin. Les clichés de la pudibonderie abondent : « Ce n'est pas convenable », « Elle n'a pas l'éducation nécessaire », « [Vous êtes] un peu trop voyants », et puis elle n'est « qu'une bonne ». Présenterait-elle une facette de la réalité que les Martin et les Smith, bourgeois des « environs de Londres », ne peuvent ni ne veulent voir ? Les connotations érotiques – le feu pour l'amour masculin et l'eau pour l'amour féminin – font sans doute émerger des fantasmes désormais lointains pour ces deux couples ; ne rappelle-t-elle pas qu'elle a éteint « [l]es premiers feux » du pompier et qu'elle est « son petit jet d'eau » ?

Cette femme inquiète, en amplifiant l'angoisse de tous, contribue à dynamiser l'action. Elle est considérée dans un premier temps comme « folle », ce qui est une façon de nier ce qu'elle est et ce qu'elle dit. Puis les personnages émettent des tentatives de répliques toutes inachevées jusqu'à ce qu'elle impose son ultime agression : la récitation de son « poème », « Le Feu ». Ce texte composé de vers courts – sauf le premier décasyllabe – puis très courts – le dernier est rythmé 2/2 –, d'une structure en parallélisme, d'une rime unique, achève la scène par une mise en geste extrême du

Verbe. Tous les éléments sont évoqués : l'eau, la terre, l'air, le feu, le règne végétal et animal. Seule la répétition ultime pouvait clore cette gradation hystérique du « mourir collectif », de ce « récit de flammes sur le monde » (Gilles Ernst). La seule sortie possible, c'est celle de Mary et de l'angoisse qu'elle cristallise.

Une princesse de tragédie

Aristote, dans *La Poétique* (ch. VI-50a), précise que ce qui « exerce la plus grande séduction dans la tragédie ce sont des parties de l'histoire : les coups de théâtre et les reconnaissances ». Ionesco joue de ces règles théâtrales dans son anti-pièce en les parodiant. Dans les mélodrames du XIXe siècle, cette scène de reconnaissance est signifiée par l'amour vainqueur de l'adversité, l'innocence persécutée et l'émotion intense des personnages qui se retrouvent. Pas d'effusion verbale inutile entre ce nouveau couple. Ce coup de théâtre s'apparente plus à une tonalité burlesque* que mélodramatique. Pas d'émotion pour le lecteur si ce n'est le sourire ou le rire d'un lecteur-spectateur complice du dramaturge. C'est le décalage verbal qui mène, là encore, l'action.

Mary est un personnage aux facettes multiples, ce qui permettra à Nicolas Bataille d'en faire un personnage fantastique et ambigu, une « princesse de tragédie qui lit Rouletabille, Fantômas, *Le Mystère de la chambre jaune* », et à Daniel Benoin, une bonne qui instaure des rapports de classe violents.

Logorrhée et cacophonie finale

« J'aime jouer avec les mots, faire n'importe quoi avec les mots, c'est une délivrance. Donnez aux mots une liberté entière, faites leur dire n'importe quoi, sans intention, il en sortira toujours quelque chose. »

Entretiens avec Ionesco

Un dévidoir à mots

La dernière scène de *La Cantatrice chauve* l'atteste : le vrai et le faux coexistent sur le même plan pour énoncer des vérités simultanées. Peu à peu la logorrhée* s'emballe, une succession de collages, de propos coupés du réel envahissent le discours des Martin et des Smith. Ils n'étaient déjà que des « fantoches » – comme les qualifiait Ionesco –, désormais ils ne sont que des gosiers, des dévidoirs à mots, des bouches dégueulantes… On constate, comme dans bien des scènes, une progression vers la dislocation verbale finale. Les personnages ne communiquent plus entre eux, ne communiquent plus avec eux-mêmes et s'assènent des propos qui s'apparentent à des proverbes par l'emploi de présents d'atemporalité, du pronom personnel indéfini « on », de tournures impersonnelles comme « il faut ». Les vrais proverbes sont parodiés : « Celui qui vend aujourd'hui un bœuf, demain aura un œuf. » À moins qu'ils ne soient traduits de l'anglais : « La maison d'un Anglais est son vrai palais. » La méthode Assimil du début du texte sert ici d'intertexte* : « Quand je suis à la campagne, j'aime la solitude et le calme » (leçon 25), « Quels sont les sept jours de la semaine ? *Monday*… » (leçon 22), ou encore : « Je ne sais pas assez d'espagnol pour me faire comprendre » (leçon 11), et, enfin : « *Charity begins at home* » (leçon 49). Les clichés les plus éculés, mais ravivés de façon grinçante, semblent désormais au cœur de l'action dramatique. Le lecteur, plus que le spectateur puisqu'il a pour lui la liberté du temps de lecture, percevra d'un œil amusé les parodies* mais aussi les jeux de mots. La sémantique* perd son sens, la signifiance s'exténue, la syntaxe perd sa grammaticalité.

Un silence sémantique

Le pronom adverbial « en », dans la phrase : « On peut s'asseoir sur la chaise, lorsque la chaise n'en a pas », ne renvoie à rien si ce n'est à un vide sémantique*. Les tournures enfantines comme : « Le papier c'est pour écrire, le chat c'est pour le rat. Le fromage c'est pour griffer », ne correspondent pas à des habitudes de langage d'adulte. La dissociation entre syntaxe et lexique et l'emploi de mots incongrus amusent. Les comparaisons* sont grammaticalement respectées, mais quelles comparaisons ! : « J'aime mieux un oiseau dans un champ qu'une chaussette dans une brouette », par exemple, repose sur le parallélisme de construction (A dans B) et le rythme binaire (9/9). C'est le décalage entre les deux parties de la phrase qui surprend : il n'y a pas de comparaison* possible entre, d'une part un oiseau et une chaussette, et, d'autre part, une chaussette et une brouette – sauf l'assonance en *ette* bien sûr !

L'écholalie* et l'effet de rythme prennent le pas sur le sens. Ce sont bien là des sagesses incongrues qui vont crescendo dans le délire verbal, reçues comme telles mais dites avec le plus grand sérieux. L'impératif, lui, a perdu sa valeur jussive*. Le mode impératif suppose une communication directe entre le locuteur* et l'allocutaire* – ce qui explique l'absence de pronom personnel ; or, ici, point de communication avec quiconque, les paroles tournent à vide. Pour quoi et pour qui, alors, « Touche pas à ma babouche ! », « Bouge pas la babouche ! », « Touche la mouche, mouche pas la touche » ? Pour l'enchaînement des sonorités, le plaisir de l'écholalie*. La matière verbale devient un véritable objet, un objet pétri et prêt à exploser.

« Quelle cacade ! »

Si le non-sens est la loi, si la matière verbale se décompose, restent les phonèmes*. Les allitérations* et les assonances* structurent désormais le discours et deviennent une véritable cascade sonore. Les « kakatoes » de M. Smith ouvrent la cacophonie*, les « cacades » de Mme Smith leur font écho, suivis des « Cactus, coccyx ! cocus ! cocardard ! cochon ! » de Mme Martin : l'enchaînement n'aura pas de fin. L'allitération en [k] se fait bousculer par l'assonance* en [u], puis les [b] s'en mêlent, l'alphabet tente péremptoirement une conclusion, mais seule une onomatopée* – « Teuff, teuff… » – devait parachever cette désintégration du langage avant le finale à quatre voix.

Les mots creux ont craqué, les sons se sont échappés… Il n'y a plus qu'à recommencer ce voyage au pays du langage et aux marges de la folie. L'écriture finale « fait du non-sens le creuset des sens possibles, elle dit le sens du chaos, et à l'ordre de Dieu, substitue un ordre pervers » (Claude Abastado, *Colloque de Cerisy*).

Quand est-ce que ça finit ?

La Cantatrice chauve est une pièce sans fin véritable puisque les Martin reprennent les premières répliques des Smith ; les couples sont interchangeables.

« Une œuvre est un fragment de vie qu'on saisit là dans ses limites de temps, d'espace ; cela court, continue ailleurs. »

Entretiens avec Ionesco

N'oublions pas cependant que Ionesco pensait terminer sur une agression du public par l'auteur, ce qui portait la crise finale à son paroxysme. Rien n'est donc résolu ici, mais quelle action pouvait l'être puisque le langage est infini ? Akakia Viala avait proposé lors des premières répétitions de 1950 de jouer tantôt sur un ton dramatique, tantôt sur un ton comique. Tout contribue donc à signifier l'incessante circularité du texte. Il faut bien malgré tout signifier la fin de la pièce. Quelques traces d'expressions anglaises et des évidences stupéfiantes – « le plafond est en haut, le plancher est en bas » – nous renvoient aux premières scènes et à la méthode Assimil. La bonne réapparaît dans les propos de M. Smith quand il déclare qu'il « cherche un prêtre monophysite pour le marier avec [leur] bonne », ainsi que la thématique de la famille avec la phrase anglaise : « *Edward is a clerck; his sister Nancy is a typist, and his brother William a shop-assistant* », et la réponse qu'en fait Mme Smith : « Drôle de famille ! ». Le mouvement perpétuel annoncé au début par la pendule délirante est repris par l'onomatopée* « Teuff, teuff, teuff ». Tout a été dit, redit et contredit; la facticité et la vacuité de la fin s'imposent désormais.

Assez de comédie !

La lecture qui est faite de *La Cantatrice chauve* repose sur un mal-entendu à la Gide ou sur un paradoxe.

« Je m'imaginais avoir écrit quelque chose comme la tragédie du langage !… Quand on la joua je fus presque étonné d'entendre rire les spectateurs qui prirent (et prennent toujours) cela gaiement, considérant que c'était bien une comédie, voire un canular. **»**

Notes et contre-notes

Le dramaturge précise qu'en écrivant cette pièce il était « pris d'un véritable malaise, de vertige et de nausée ».

Et pourtant, on rit !…

« Le comique est effrayant… »

Dans une interview accordée en 1960 à *L'Express*, Ionesco se compare à Feydeau (écrivain du début du siècle, auteur de comédies vaudevillesques*) quant à son usage de l'accélération du rythme pour aboutir à une intensification finale. Dans *La Cantatrice chauve*, cette progression jusqu'à la désintégration du langage devait d'ailleurs aboutir à l'agression du public par le dramaturge lui-même, mais cette fin difficile à mettre en place n'a pas été retenue et c'est finalement l'effet de circularité du texte qui l'a emporté. Cette pièce est bien une comédie dans laquelle on retrouve tous les ressorts de la mécanique théâtrale. Alain Bosquet, dans le journal *Combat* du 17 février 1955 (cité par Martin Esslin dans *Théâtre de l'absurde*), y repère toutes les caractéristiques du comique. Rappelons que Ionesco avait décidé, en se consacrant à l'écriture dramatique, de grossir les effets à l'extrême, de ne pas « cacher les ficelles ».

Le titre de la pièce créant un horizon d'attente non respecté ainsi que le pseudo-exotisme anglais (décor et répliques en anglais ou en traduction littérale) inscrivent le texte dans le registre comique. Peu à peu la déstabilisation du lecteur-spectateur prend de l'ampleur, les personnages ne connaissent plus leur identité, perdent la mémoire, n'ont rien à faire, n'agissent pas et ne respectent plus la logique dans leurs discours. Simultanément, ces traits sont accentués par des effets de surprise mécanique ou de surprise mélodramatique (Mary prétendant s'identifier à Sherlock Holmes). Les problèmes de logique en tout genre contribuent à l'accélération du comique : la succession chronologique n'est pas respectée, le dialogue est discontinu, voire désarticulé, des explications opposées coexistent pour un même problème. Le rire atteint son paroxysme à la fin de la pièce : répétitions, néologismes*, clichés, truismes*, proverbes parodiés*, non-sens, onomatopées* et écholalies*, le tout sur un rythme endiablé. Le rire est bien celui de la libération des tensions, mais aussi de la distanciation ; ces personnages ne sont que des fantoches qui s'agitent devant nous. Pourtant, au fil du texte, l'effet de miroir joue son rôle. Ces bourgeois qui n'ont rien à se dire, qui ne peuvent même plus communiquer, ne seraient-ils pas le reflet de ce que nous sommes ? Le rire devient alors un rire jaune, mal cerné, mal contrôlé ; le rire de l'inquiétude et de l'inconfort intellectuel.

« ...le comique est tragique »

Si la distanciation est une arme pour se protéger et la dérision une arme pour dénoncer, alors l'écriture théâtrale de Ionesco est révélatrice : elle dit l'existence humaine à travers le prisme de la fantaisie. Le théâtre est « exploration [...] il doit être la révélation d'évidences cachées », il est une explication de l'absurdité de l'existence proposée à l'homme. L'artiste, par son travail de création, aide l'homme à accéder émotionnellement à des vérités qu'il n'a pas vécues et que le langage seul ne peut lui permettre de comprendre. Le comique, la fantaisie semblent pouvoir communiquer des états d'âme ; la valeur essentielle de ce théâtre est précisée par le dramaturge :

《 L'humour fait prendre conscience avec une lucidité libre de la condition tragique ou dérisoire de l'homme. **》**

Notes et contre-notes

Dans *La Cantatrice chauve*, le tragique n'est pas directement accessible, il apparaît en creux. La banalité des choses, le quotidien des gens nous sont donnés à voir dans toute leur horreur : le voilà, le tragique de notre existence ! Notre monde a perdu sa dimension métaphysique et son mystère. Ionesco veut nous faire accéder à son intuition d'être et à son désespoir. L'homme est englué dans un isolement total, il ne peut plus communiquer avec autrui, ni avec lui-même ; l'homme est soumis à des pressions dégradantes, à un conformisme mécanique bêtifiant imposé par la société ; l'homme est prisonnier des contraintes de sa propre personnalité et du sentiment de culpabilité qu'engendre sa sexualité ; l'homme enfin est inquiet face à l'incertitude de son identité et face à la certitude de sa finitude. Pourtant, cette vision tragique de l'existence a une issue possible puisque dénoncer l'absurde signifie que le non-absurde existe, « car enfin d'où viendrait le point de repère ? ». Si Ionesco pensait qu'il fallait un retour à une conception poétique de la vie, il croyait aussi en la «lumière des mots» :

« Je pense que tout message désespéré est la mise en évidence d'une situation dont chacun doit trouver librement la solution. »

N'est-ce pas là une des définitions possibles du théâtre cathartique* ? On pourrait conclure avec le critique Gilles Ernst : « Ionesco est de cette race des grands voyants, inquiets. »

à vous...

1 – Dans les mélodrames du XIXᵉ siècle, les reconnaissances sont signifiées par l'amour vainqueur de l'adversité, l'innocence persécutée et l'émotion intense des personnages. Montrez que Ionesco reprend ces éléments et les parodie* grâce à des effets de décalage.

2 – Trouvez les jeux de mots et tentez de les expliquer.

3 – Les comparaisons* entre un oiseau et une chaussure, entre une chaussette et une brouette sont plus que surprenantes. Trouvez d'autres comparaisons de ce type et analysez-les.

4 – Dans les juxtapositions sonores, relevez quelques paronymes (mots de sons très proches).

Bilans

Les « fantoches »

Ionesco appelle lui-même ses personnages des « fantoches ».

Les Smith et les Martin n'ont pas véritablement d'identité même s'ils sont identifiés par des noms aux consonances anglaises ; ils sont interchangeables, ne font rien et parlent surtout pour éviter l'angoisse d'un silence trop pesant. Paradoxalement, les personnages les plus importants ne sont pas les plus présents.

Le pompier et la bonne, par leur arrivée, perturbent l'ordre et la monotonie ambiante : le pompier divertit en racontant des anecdotes, la bonne tient à participer à la conversation en récitant un poème.

En outre, les objets tels que la pendule folle ou la sonnette de la porte deviennent, eux aussi, des personnages puisqu'ils contribuent à créer tensions et angoisse, et à redynamiser l'action.

Finalement, le personnage principal de *La Cantatrice chauve* est bien le langage.

Un univers saturé

De Chirico, Ionesco : deux univers au bord du malaise

Le langage est un espace ludique et mélodique ; Ionesco joue avec lui et le pétrit jusqu'à la désintégration totale : jeux de mots, calem-

bours, paronomases*, allitérations* et assonances* contribuent à ce travail intime avec la langue. Si le comique est alors manifeste dans la pièce, un malaise s'installe cependant peu à peu chez le lecteur-spectateur : ce comique devient « effrayant », comme le dit lui-même Ionesco.

Ionesco, dans ses *Entretiens* avec Claude Bonnefoy, évoque les influences artistiques qu'il subit et notamment celle de Giorgio De Chirico, peintre italien de la première moitié du XXe siècle (1888-1978). Ce plasticien marque son époque par sa recherche sur la peinture « métaphysique ». Cet adjectif renvoie à une notion de fixité et de précision dans la définition des formes et des couleurs. Carrà, un autre représentant de ce courant de peinture, précise qu'il « cherche à pénétrer dans l'intimité cachée des choses offertes tous les jours au regard et qui, elles, sont les dernières à se laisser conquérir ».

Le tableau *Intérieur métaphysique* (1926) de De Chirico (reproduit ci-contre), par ses motifs, sa composition et son organisation de l'espace, s'apparente à la démarche de Ionesco dans l'écriture de *La Cantatrice chauve* et de ses autres pièces.

Les motifs d'*Intérieur métaphysique*

Au premier plan apparaît le motif des boîtes. Ce qui surprend, c'est le caractère hétéroclite des objets. Sont enchevêtrés des objets utilitaires comme un pan de cabine de bain rayé, des boîtes de tailles variées, et des objets plus artistiques comme une frise avec des arabesques et une toile inachevée (ou un miroir brisé ?) – éclairant la moitié supérieure de la toile – sur laquelle apparaît une silhouette humaine barrée d'un cerne* oblique noir. Ces objets entassés deviennent des « choses », puisqu'ils sont privés de leur fonction initiale. Les cernes* noirs ou ocre accentuent nettement les signes. Cet entassement maintient les objets dans un équilibre précaire : vont-ils tomber vers nous ? Le peintre joue ici sur la perte des repères.

La composition du tableau

La composition verticale du tableau est frappante, mais on remarque que les lignes ne sont pas parallèles : l'équilibre est instable. Le sol et le fond de la toile compensent cette instabilité par une grande rigueur géométrique : le cadre du fond est un rectangle parfait et les planches du sol, quant à elles, sont parallèles. L'effet de perspective est respecté et il s'en dégage un effet de réel qui rassure et s'oppose à l'entassement alogique des « choses » au premier plan.

On peut pourtant s'interroger sur le sens à donner à l'arrière-plan : est-ce une fenêtre qui s'ouvre sur un ciel nuageux ou est-ce une toile encadrée ? Sommes-nous dans un décor de théâtre ?

L'interprétation du tableau

L'instabilité des motifs et l'absence de figure humaine marquent une volonté du peintre de se situer au-delà des apparences. Grâce aux motifs, De Chirico crée une énigme et un certain malaise. Les « choses » deviennent les signes d'une autre dimension du monde ; le tout se suffit à lui-même et ne se donne que sous la forme d'une énigme. Peut-être s'agit-il de voir au-delà des objets ?

On ressent cependant une saturation de l'espace, l'issue est incertaine : « Tout ce qui fait allusion à un dehors se transforme aussitôt en représentation dans la représentation. L'espace n'est plus que l'image de lui-même » (Giovanni Lista, *De Chirico*).

À partir de cette analyse du tableau de Chirico, voyez-vous quels rapprochements on pourrait faire avec l'écriture de Ionesco ?

On pourrait avancer qu'à cette superposition d'objets en équilibre instable répond le travail constant de déstabilisation du langage chez Ionesco. Les lignes ici ne se correspondent pas tandis que les personnages du théâtre de Ionesco ne communiquent pas : leurs relations restent précaires et menacent de s'écrouler comme les boîtes.

La fixité des objets détournés de leur fonction n'est pas non plus sans nous rappeler l'immobilisme de ces mêmes personnages : ils ne font rien, sinon attendre et essayer de parler. D'ailleurs la cacophonie finale que propose Ionesco ne trouve aucune issue, sauf dans la circularité du texte. L'espace sonore est saturé, comme l'espace de *Intérieur métaphysique* auquel il ne semble pas non plus y avoir d'issue.

Enfin, si le tableau est « la représentation de la représentation » comme le suggère le critique d'art Giovanni Lista, il correspond alors au métadiscours que nous avons observé dans *La Cantatrice*.

Toutes ces observations corroborent l'idée de l'expression d'un profond malaise face au quotidien et à l'existence.

La postérité de l'œuvre

La Cantatrice chauve est née le 11 mai 1950 au théâtre des Noctambules dans la mise en scène de Nicolas Bataille ; elle sera reprise en 1952 au théâtre de la Huchette, puis à nouveau en 1957, toujours à la Huchette, pour ne plus s'arrêter. Mais cette troupe n'a pas le monopole de la mise en scène, bien évidemment.

La mise en scène de Daniel Benoin

Daniel Benoin, metteur en scène et directeur de la Comédie de Saint-Étienne, décide de monter *La Cantatrice chauve*, pièce devenue l'« archétype du théâtre contemporain », en janvier 1977 au théâtre Sorano de Vincennes. Cette mise en scène sera reprise deux fois, sans modifications fondamentales, en 1980 (il en sera tiré une version filmée), puis en 1985. L'interprétation du texte que fait Daniel Benoin est différente de celle des lecteurs de la première heure. Il souhaite montrer « qu'un langage apparemment éloigné du réel devenait des plus concrets, comme une sorte de langage établi dans sa décomposition ».

Entre M. Smith et M. Martin, à gauche, et Mme Martin et Mme Smith à droite de la photo, un pompier avec un panama… Daniel Benoin a intégré un accessoire lorsque le pompier raconte l'histoire embrouillée du « Rhume » : que représente ce fil selon vous ?

« Ne voyons-nous pas aujourd'hui se développer des systèmes de langages (technocratiques, intellectuels, politiques…) qui progressivement impliquent et génèrent des comportements nouveaux apparemment « sérieux » mais qui révèlent une véritable sclérose sociale ? »

Il affirme que le « langage de Ionesco semble s'adapter miraculeusement aux variations d'époque, de mode, de comportement » et trouve ici la « grâce » de l'écriture du dramaturge.

Quels sont alors ses partis pris ? Aucune modification n'est apportée au texte de Ionesco, contrairement à la mise en scène de Nicolas Bataille (voir Arrêt sur lecture 2). Le langage des personnages, langage codé, révèle une catégorie sociale ; il s'agit de justifier tous les mots de l'auteur par une situation réelle. Les Smith deviennent des cadres supérieurs et les Martin, leurs employeurs. Ce sont des bourgeois des années 70-80 : le culte du corps et de l'esthétique occupe l'essentiel de leurs activités (jogging, musculation, régime…). Ces personnages ressemblent à des gravures de mode de magazine sur papier glacé. Quant au décor, il met l'accent sur le luxe de l'environnement : une villa au bord de la mer, une terrasse somptueuse ; les autres versions accentueront cet effet par un décor très *design*. « Un paysage à la Marguerite Duras habité de fantômes chics », écrit un critique dans *L'Express* du 17 janvier 1977. En outre, Daniel Benoin nous offre deux interprétations nouvelles des personnages extérieurs, le pompier et la bonne. Le pompier est un homme pervers, celui qu'on invite pour faire rire et pour émoustiller les femmes. La bonne, elle, par la violence de ses réactions, symbolise les rapports de classe. L'accent est mis sur le caractère perturbateur de ces deux personnages ; le metteur en scène crée une atmosphère perverse et dangereuse. Au-delà de ce parti pris de lecture, Daniel Benoin ajoute un personnage : l'auteur lui-même ! Un acteur jouant Ionesco arrive au début de la pièce et lit les didascalies, tout en constatant avec étonnement la rupture entre son texte et le décor proposé. Au fil de la représentation, l'énervement le gagne et il finit par quitter la salle. C'est ici une volonté de signifier comment une pièce peut échapper à son auteur.

La mise en scène joue sur les variations de tonalité, en parodiant des styles dramatiques figés par la tradition théâtrale. Claude Baignères écrit dans *Le Figaro* du 11 janvier 1977 :

《 On passe ainsi à toute allure, et sans insister, du western à la comédie musicale, du genre cinéma nouvelle vague à celui du théâtre d'avant-garde, de la revue sud-américaine à l'intrigue psycho-policière. **》**

Daniel Benoin, ne reprenant que les « tics » de ces styles, respecte tout à fait l'esprit de la pièce. La conclusion de Colette Godard dans

Le Monde du 7 janvier 1977 rend hommage au metteur en scène ainsi qu'à l'auteur, en écrivant :

« Un désarroi existentiel et le désarroi d'une classe-gadget, condamnée avant de s'être prouvé son existence, suinte dans les silences, dans les regards vides, toutes bouches grimaçantes, dans les mots qui se gèlent. *Nous ne rions plus et c'est très beau.* **»**

Il est à noter que Ionesco apprécia beaucoup la lecture que Daniel Benoin fit de son texte.

Et la *Cantatrice* fit ses valises...
Cette pièce, traduite dans de nombreuses langues, est notamment créée au *Arts theatre club* de Londres le 6 novembre 1956 – les acteurs sont dirigés par Peter Wood – sous le titre *The Bald Prima Donna*. L'édition du texte chez Samuel French dans une traduction de Donald Watson propose des didascalies supplémentaires au texte original afin de permettre la visualisation de la mise en scène de Nicolas Bataille. *La Cantatrice chauve*, devenue internationalement célèbre, est jouée un peu partout dans le monde : Danemark, Suisse, Espagne, Algérie, Liban, USA, Pologne, Japon, Israël, Allemagne, Pays-Bas...

Groupement de textes

Nous reproduisons ici quelques textes représentatifs du théâtre de l'absurde. Tous mettent en œuvre une écriture du tragique.

Eugène Ionesco, *Jacques ou la soumission*
Il s'agit d'une comédie naturaliste, mise en scène par Robert Postec au théâtre de la Huchette en 1955. Une famille est ici en proie aux affres du langage...

« JACQUELINE. – Il se bouche les oreilles, il prend un air dégoûtanté.

JACQUES mère. – Je suis une mère malheureuse. J'ai mis au monde un mononstre ; le mononstre, c'est toi ! Voilà ta grand-mère qui veut te parler. Elle trébuche. Elle est octogénique. Peut-être te laisseras-tu émouvoir, par son âge, son passé, son avenir.

JACQUES grand-mère, *d'une voix octogénique*. – Écoute, écoute-moi bien, j'ai de l'expérience, j'en ai beaucoup à l'arrière. J'avais moi aussi, comme toi, un arrière-oncle qui avait trois habitations : il donnait l'adresse et les numéros de téléphone de deux d'entre elles mais jamais de la troisième où il se cachait, parfois, car il était dans l'espionnage. *(Jacques se tait obstinément.)* Non, je n'ai pas pu le convaincre. Oh ! pauvres de nous !

JACQUELINE. – Voilà encore ton grand-père qui voudrait te parler. Hélas, il ne peut pas. Il est beaucoup trop vieux. Il est centagenaire !

JACQUES mère, *pleurant*. – Comme les Plantagenets !

JACQUES père. – Il est sourd et muet. Il est chancelant.

JACQUELINE. – Il chante, seulement.

JACQUES grand-père, *d'une voix de centagenaire*. – Hum ! Hum ! Heu ! Heu ! Hum !

Éraillé mais poussé.

> Un ivrogne char-ar-mant
> Chan-tait-à-l'agoni-i-ie…
> Je n'ai plus dix-hu-u-it-a-ans
> Mais tant-tant-pi-i-i-i-e.

Jacques se tait obstinément.

JACQUES père. – Tout est inutile, il ne fléchira pas.

JACQUELINE. – Mon cher frère… tu es un vilenain. Malgré tout l'immense amour que j'ai pour toi, qui gonfle mon cœur à l'en faire crever, je te déteste, je t'exertre. Tu fais pleurer maman, tu énerves papa avec ses grosses moustaches moches d'inspecteur de police, et son gentil gros pied poilu plein de cors. Quant à tes grands-parents, regarde ce que tu en as fait. Tu n'es pas bien élevé. Je te punirai. Je ne t'amènerai plus mes petites camarades pour que tu les regardes quand elles font pipi. Je te croyais plus poli que ça. Allons, ne fais pas pleurer maman, ne fais pas rager papa. Ne fais pas rougir de honte grand-mère et grand-père.

JACQUES père. – Tu n'es pas mon fils. Je te renie. Tu n'es pas digne de ma race. Tu ressembles à ta mère et à sa famille d'idiots et d'imbéciles. Elle, ça ne fait rien, car elle est une femme, et quelle femme ! Bref, je n'ai pas à faire ici son égloge. Je voulais seulement te dire ceci : élevé sans reproches, comme un aristocrave, dans une famille de véritables sangsues, de torpilles authentiques, avec tous les égards dus à ton rang, à ton sexe, au talent que tu portes, aux veines ardentes qui savent exprimer – si du moins tu le voulais, tout ce que ton sang lui-même ne saurait suggérer qu'avec des mots imparfaits – toi, malgré tout ceci, tu te montres indigne, à la fois de tes ancêtres, de mes ancêtres, qui te renient au même titre que moi, et de tes descendants qui certainement ne verront jamais le jour et préfèrent se laisser tuer avant même qu'ils n'existent. Assassin ! Praticide ! Tu n'as plus rien à m'envier. Quand je pense que j'ai eu l'idée malheureuse de désirer un fils et non pas un coquelicot ! *(À la mère.)* C'est ta faute !

JACQUES mère. – Hélas ! mon époux ! j'ai cru bien faire ! Je suis complètement et à moitié désespérée.

JACQUELINE. – Plauvre maman !

JACQUES père. – Ce fils ou ce vice que tu vois là, qui est venu au monde pour notre honte, ce fils ou ce vice, c'est encore une de tes sottes histoires de femme.

JACQUES mère. – Hélas ! Hélas ! *(À son fils.)* Tu vois, à cause de toi je souffre tout ça de la part de ton père qui ne mâche plus ses sentiments et m'engueule.

JACQUELINE, *à son frère*. – Aux châtaignes on te le pan dira on te le pan dis-le aux châtaignes.

JACQUES père. – Inutile de m'attarder à m'attendrir sur un destin irrévocablement capitonné. Je ne reste plus là. Je veux demeurer digne de mes aïeufs. Toute la tradition, toute, est avec moi. Je fous le camp. Doudre !

JACQUES mère. – Oh ! Oh ! Oh ! ne t'en va pas. *(À son fils.)* Tu vois, à cause de toi, ton père nous quitte.

JACQUELINE, *en soupirant*. – Marsipien !

JACQUES grand-père, *(chanté)*. – Un… ivro… ogne… charmant… Chantait… en… mur-mur… a… ant.

JACQUES grand-mère, *au vieux*. – Tais-toi. Tais-toi ou je te la casse !

> *Coup de poing sur la tête du vieux ; sa casquette s'enfonce.* »

Éditions Gallimard, 1954

Samuel Beckett, *En attendant Godot*

Cet auteur irlandais a vécu en France (1906-1989) et a écrit la plupart de ses œuvres en français. Attente et vacuité sont deux éléments récurrents de son imaginaire : elles sont liées à la perte des repères temporels.

« ESTRAGON. – Endroit délicieux. *(Il se retourne, avance jusqu'à la rampe, regarde vers le public.)* Aspects riants. *(Il se tourne vers Vladimir.)* Allons-nous-en.

VLADIMIR. – On ne peut pas.

ESTRAGON. – Pourquoi ?

VLADIMIR. – On attend Godot.

ESTRAGON. – C'est vrai. *(Un temps.)* Tu es sûr que c'est ici ?

VLADIMIR. – Quoi ?

ESTRAGON. – Qu'il faut attendre.

VLADIMIR. – Il a dit devant l'arbre. *(Ils regardent l'arbre.)* Tu en vois d'autres ?

ESTRAGON. – Qu'est-ce que c'est ?

VLADIMIR. – On dirait un saule.

ESTRAGON. – Où sont les feuilles ?

VLADIMIR. – Il doit être mort.

ESTRAGON. – Finis les pleurs.

VLADIMIR. – À moins que ce ne soit pas la saison.

ESTRAGON. – Ce ne serait pas plutôt un arbrisseau ?

VLADIMIR. – Un arbuste.

ESTRAGON. – Un arbrisseau.

VLADIMIR. – Un – *(il se reprend)*. Qu'est-ce que tu veux insinuer ? Qu'on s'est trompé d'endroit ?

ESTRAGON. – Il devrait être là.

VLADIMIR. – Il n'a pas dit ferme qu'il viendrait.

ESTRAGON. – Et s'il ne vient pas ?

VLADIMIR. – Nous reviendrons demain.

ESTRAGON. – Et puis après-demain.

VLADIMIR. – Peut-être.

ESTRAGON. – Et ainsi de suite.

VLADIMIR. – C'est-à-dire…

ESTRAGON. – Jusqu'à ce qu'il vienne.

VLADIMIR. – Tu es impitoyable.

ESTRAGON. – Nous sommes déjà venus hier.

VLADIMIR. – Ah non, là tu te goures.

ESTRAGON. – Qu'est-ce que nous avons fait hier ?

VLADIMIR. – Ce que nous avons fait hier ?

ESTRAGON. – Oui.

VLADIMIR. – Ma foi… *(Se fâchant.)* Pour jeter le doute, à toi le pompon.

ESTRAGON. – Pour moi, nous étions ici.

VLADIMIR *(regard circulaire)*. – L'endroit te semble familier ?

ESTRAGON. – Je ne dis pas ça.

VLADIMIR. – Alors ?

ESTRAGON. – Ça n'empêche pas.

VLADIMIR. – Tout de même… cet arbre… *(se tournant vers le public)*… cette tourbière.

ESTRAGON. – Tu es sûr que c'était ce soir ?

VLADIMIR. – Quoi ?

ESTRAGON. – Qu'il fallait attendre ?

VLADIMIR. – Il a dit samedi. *(Un temps.)* Il me semble.

ESTRAGON. – Après le turbin.

VLADIMIR. – J'ai dû le noter. *(Il fouille dans ses poches, archibondées de saletés de toutes sortes.)*

ESTRAGON. – Mais quel samedi ? Et sommes-nous samedi ? Ne serait-on pas plutôt dimanche ? Ou lundi ? Ou vendredi ?

VLADIMIR *(regardant avec affolement autour de lui, comme si la date était inscrite dans le paysage).* – Ce n'est pas possible.

ESTRAGON. – Ou jeudi.

VLADIMIR. – Comment faire ?

ESTRAGON. – S'il s'est dérangé pour rien hier soir, tu penses bien qu'il ne viendra pas aujourd'hui.

VLADIMIR. – Mais tu dis que nous sommes venus hier soir.

ESTRAGON. – Je peux me tromper. *(Un temps.)* Taisons-nous un peu, tu veux ? »

Éditions de Minuit, 1952

Samuel Beckett, *Fin de partie*

À quoi sert de raconter des histoires ? Le langage est-il inutile ? Telles sont les questions que l'on se pose en lisant le texte suivant.

« NAGG. – […] Je vais te raconter l'histoire du tailleur.

NELL. – Pourquoi ?

NAGG. – Pour te dérider.

NELL. – Elle n'est pas drôle.

NAGG. – Elle t'a toujours fait rire. *(Un temps.)* La première fois j'ai cru que tu allais mourir.

NELL. – C'était sur le lac de Côme. *(Un temps.)* Une après-midi d'avril. *(Un temps.)* Tu peux le croire ?

NAGG. – Quoi ?

NELL. – Que nous nous sommes promenés sur le lac de Côme. *(Un temps.)* Une après-midi d'avril.

NAGG. – On s'était fiancés la veille.

NELL. – Fiancés !

NAGG. – Tu as tellement ri que tu nous as fait chavirer. On aurait dû se noyer.

NELL. – C'était parce que je me sentais heureuse.

NAGG. – Mais non, mais non, c'était mon histoire. La preuve, tu en ris encore. À chaque fois.

NELL. – C'était profond, profond. Et on voyait le fond. Si blanc. Si net.

NAGG. – Écoute-la encore. *(Voix de raconteur.)* Un Anglais – *(il prend un visage d'Anglais, reprend le sien)* – ayant besoin d'un pantalon rayé en vitesse pour les fêtes du Nouvel An se rend chez son tailleur qui lui prend ses mesures. *(Voix du tailleur.)* « Et voilà qui est fait, revenez dans quatre jours, il sera prêt. » Bon. Quatre jours plus tard. *(Voix du tailleur.)* « Sorry, revenez dans huit jours, j'ai raté le fond. » Bon, ça va, le fond, c'est pas commode. Huit jours plus tard. *(Voix du tailleur.)* « Désolé, revenez dans dix jours, j'ai salopé l'entre-jambes. » Bon, d'accord, l'entre-jambes, c'est délicat. Dix jours plus tard. *(Voix du tailleur.)* « Navré, revenez dans quinze jours, j'ai bousillé la braguette. » Bon, à la rigueur, une belle braguette, c'est calé. *(Un temps. Voix normale.)* Je la raconte mal. *(Un temps. Morne.)* Je raconte cette histoire de plus en plus mal. *(Un temps. Voix de raconteur.)* Enfin bref, de faufil en aiguille, voici Pâques Fleuries et il loupe les boutonnières. *(Visage, puis voix du client.)* « Goddam Sir, non, vraiment, c'est indécent, à la fin ! En six jours, vous entendez, six jours, Dieu fit le monde. Oui Monsieur, parfaitement Monsieur, le MONDE ! Et vous, vous n'êtes pas foutu de me faire un pantalon en trois mois ! » *(Voix du tailleur, scandalisée.)* « Mais Milord ! Mais Milord ! Regardez – *(geste méprisant, avec dégoût)* – le monde… *(un temps)*… et regardez – *(geste amoureux, avec orgueil)* – mon PANTALON ! »

> *Un temps. Il fixe Nell restée impassible, les yeux vagues, part d'un rire forcé et aigu, le coupe, avance la tête vers Nell, lance de nouveau son rire.*

HAMM. – Assez !

Nagg sursaute, coupe son rire.

NELL. – On voyait le fond.

HAMM *(excédé)*. – Vous n'avez pas fini ? Vous n'allez donc jamais finir ? *(Soudain furieux.)* Ça ne va donc jamais finir ! *(Nagg plonge dans la poubelle, rabat le couvercle. Nell ne bouge pas.)* Mais de quoi peuvent-ils parler, de quoi peut-on parler encore ? *(Frénétique.)* Mon royaume pour un boueux ! *(Il siffle. Entre Clov.)* Enlève-moi ces ordures ! Fous-les à la mer ! 》

Éditions de Minuit, 1957

Arthur Adamov, *L'Invasion*

Ce dramaturge (1908-1970) observe le monde avec un regard particulièrement sarcastique. L'humanité semble totalement dérisoire et le langage ne lui suffit plus.

《 PIERRE, *à Agnès et à la Mère*. – Il faut que je vous parle à toutes les deux.

TRADEL, *à Pierre*. – Est-ce une façon de me mettre dehors ?

PIERRE, *poursuivant*. – J'ai pris une décision très grave. Je voudrais pouvoir vous faire comprendre les raisons qui m'y ont poussé. Mais, pour l'instant, j'en suis incapable. Je vous demande d'avoir confiance. Je suis sûr qu'ensuite, tout ira très bien pour nous. *(Pause.)* Je ne peux plus continuer à travailler dans les mêmes conditions, il faut que je me retire, c'est-à-dire… que je reste seul pendant un certain temps… Il le faut.

AGNÈS. – Mais, de toute façon, tu es toujours seul. Est-ce qu'on vit ensemble ?

La Mère prend la main de Pierre et la garde dans la sienne.

TRADEL. – Alors, c'est une fuite. C'est bien ce que je pensais, ça ne pouvait pas finir autrement.

> *Le Premier Venu, du fond de la scène, semble écouter attentivement la conversation.*

PIERRE, *d'une voix lasse.* – *Vous* aurez de la peine à comprendre. Mais revenir sur chaque étape de mon travail, vous exposer chaque obstacle, tous les problèmes que j'ai eu à résoudre et que j'ai résolus maintenant, je n'en ai pas la force. Je peux simplement vous dire ceci : tout ce que J'ai tiré de l'ombre, ordonné, retrouvé, reste désespérément sans relief. Plat. *(Il répète plusieurs fois « plat », sur le ton d'un homme qui ne comprend plus le sens des mots mais qui est hypnotisé par leur son, comme s'il ne les avait jamais entendus.)* Savez-vous, au juste, ce que c'est qu'une chose plate ? Aplatie ? Rejetée soudain hors de l'espace ?

> *La Mère lâche la main de Pierre. On doit sentir que les paroles de Pierre provoquent l'effroi général.*

TRADEL. – Mais vous êtes fou ! Vous en êtes arrivé maintenant à insulter Jean dans le style des… critiques.

PIERRE. – Je n'aurai pas la paix tant que les choses n'auront pas retrouvé leur relief.

TRADEL. – Mais les choses n'ont rien à retrouver ; elles sont comme elles sont, voilà tout. Si vous êtes déçu, c'est que vous n'avez plus foi dans notre travail.

PIERRE. – Il n'y a pas encore si longtemps, je ne pouvais même pas aller jusqu'au bout d'une phrase ; je me torturais pendant des heures avec les questions les plus simples. *(Détachant ses mots.)* Pourquoi dit-on : « Il arrive ? » Qui est ce « il », que veut-il de moi ? Pourquoi dit-on « par » terre, plutôt que « à » ou « sur » ? J'ai perdu trop de temps à réfléchir sur ces choses. *(Pause.)* Ce qu'il me faut, ce n'est pas le sens des mots, c'est leur volume et leur corps mouvant. *(Pause.)* Je ne chercherai plus rien. *(Pause.)* J'attendrai dans le silence, immobile. Je deviendrai très attentif. *(Pause.)* Il faut que je parte le plus vite possible.

AGNÈS. – Mais pas tout de suite ?

TRADEL. – Vous n'allez pas partir quand les papiers peuvent nous être enlevés d'un moment à l'autre.

LA MÈRE. – Tu resteras longtemps absent ?

PIERRE. – Rassurez-vous. Je n'ai pas envie d'aller loin. Je veux seulement passer quelques jours là *(il désigne la porte du fond)* dans le réduit.

AGNÈS. – Mais on ne peut pas vivre là-dedans. Tu étoufferas.

LA MÈRE. – On peut rendre la pièce plus habitable.

TRADEL. – Mais où mettrez-vous les papiers ?

PIERRE. – Je ne les emporterai pas. C'est le seul moyen pour moi de ne pas retomber dans la dispersion.

TRADEL *(il se précipite vers Pierre et lui saisit le bras).* – Restez ! Je vous supplie de rester ! Je sens, je suis sûr, qu'à nous deux, nous retrouverons un regard sain.

> *Pierre écoute Tradel et se remet à marcher. Tradel reste interdit à sa place. Agnès va au-devant de Pierre comme pour lui parler, mais le Premier Venu s'avance résolument vers elle. Pierre s'arrête et regarde Agnès et le Premier Venu.*

LE PREMIER VENU, *bas, à Agnès.* – Vous avez encore quelque chose à lui dire ?

AGNÈS, *faisant demi-tour, à voix basse.* – Non, tout est dit.

> *Agnès va se rasseoir. Pierre la suit un instant des yeux. Le Premier Venu s'approche d'Agnès. La Mère lui fait signe de s'éloigner. Il va à la fenêtre, l'ouvre et se penche.*

PIERRE. – S'il doit encore se passer quelque chose, ça ne peut être que là-bas.

> *Agnès se lève. Pierre va embrasser la Mère, puis Agnès qui se dégage. Pierre se dirige vers la porte du fond.*

TRADEL, *barrant le chemin à Pierre.* – Vous ne savez pas ce que vous faites !

AGNÈS *(elle va se mettre ses mains sur les épaules de Pierre qui ne se décide pas à sortir).* – N'y va pas.

> *Le Premier Venu se retourne et referme bruyamment la fenêtre. Tradel est resté debout devant la porte du fond.*

PIERRE, *se dégageant doucement de l'étreinte d'Agnès.* – Tu peux m'attendre en toute tranquillité.

> *Agnès s'éloigne.*

LA MÈRE. – Je vais m'arranger pour chauffer la pièce.

PIERRE. – Pas maintenant, je vous en prie. Plus tard, nous verrons.

LA MÈRE. – Je t'apporterai tes repas aux heures habituelles.

PIERRE. – Je vous demanderai surtout de ne jamais me parler. *(Il va vers la commode et, désignant les papiers.)* Je vous les confie. Je sais que vous en prendrez soin.

LA MÈRE. – Sois tranquille. **»**

Éditions Gallimard, 1953

Annexes

De vous à nous

Arrêt sur lecture 1 (p. 51)

1 – Les patronymes, Smith et Martin, connotent fortement la société britannique ; le choix orthographique de « Mary » corrobore cette impression première. En revanche, la présence d'un pompier crée un effet de surprise : y aura-t-il un incendie chez une cantatrice ?

2 – Les fameux *for, since, ago* : « Il est mort il y a deux ans (*two years ago*). Tu te rappelles, on a été à son enterrement, il y a un an et demi (*ago*) » : « Il y a déjà trois ans (*since*) qu'on a parlé de son décès » ; « il y avait quatre ans qu'il était mort » (*he had been dead for four years*). Les quantificateurs : « Elle a des traits réguliers et pourtant on ne peut pas dire qu'elle est belle. Elle est trop grande et trop forte. Ses traits ne sont pas réguliers et pourtant on peut dire qu'elle est très belle. Elle est un peu trop petite et trop maigre. Elle est professeur de chant. »

3 – On constate que l'auteur a repris certaines phrases *in extenso* tout en réorganisant la logique du dialogue : le « commis voyageur », les « bonnes affaires » et la « concurrence » dans le commerce donnent naissance à l'activité professionnelle des Bobby Watson. Le deuxième emprunt concerne le portrait de la jeune femme et le mariage : « je l'ai vue une fois » « [...] par hasard », « Est-elle jolie ? », « [elle a] des traits réguliers », « elle est grande », son métier est celui de « maîtresse de musique » permettent de mettre en place la longue histoire de la famille Bobby Watson. À cela s'ajoute le cadeau de mariage : « un de ces sept plateaux d'argent que nous avons reçus de divers parents à notre mariage, et qui ne nous sont pas du moindre usage ». On notera ici quelques modifications grammaticales apportées par l'auteur afin de rendre le style plus agréable. Le dernier emprunt concerne cette fois-ci la dispute entre le mari et la femme : les hommes sont toujours « en train de boire » et de « fumer » selon Mme Smith ; « Que dirais-tu si je me rougissais les joues et me poudrais le nez » ironise alors M. Smith. La femme se fâche alors : « mais si ce que tu dis est à mon adresse », « Je n'apprécie pas ce genre de plaisanteries ». Mais le mari devient plus conciliant : « Quel drôle de paire de vieux amoureux ! Éteignons les lumières ». Les gestes qui accompagnent les derniers propos des personnages : « Il lui passe le bras autour de la taille et l'embrasse tendrement », correspondent aux didascalies* de la fin de la scène. Là encore, on notera de légères modifications. Les éléments essentiels de cette deuxième moitié de la scène ɪ proviennent donc de deux leçons de la méthode Assimil.

Le travail littéraire de l'auteur se manifeste aussi par le souci de pousser jusqu'à l'absurde les idées trouvées dans le manuel. Les commis voyageurs n'ont pas de concurrence « le mardi, le jeudi et le mardi » : cette réponse incohérente par sa répétition ne donne lieu à aucun étonnement ni commentaire de la part de Mme Smith. Il en est de même avec le portrait de la jeune femme : M. Smith affirmant des qualités et leur contraire dans la même réplique, sans pour cela contrarier le bon sens de sa femme. La dispute est elle aussi traitée sur le mode de l'absurde puisque c'est Mme Smith qui accuse les hommes de se mettre de la « poudre » ou de se « farder [les] lèvres, cinquante fois par jour ». M. Smith, lui, se contente de répéter les propos de sa femme sans les contredire aucunement. Bien sûr l'intention de l'auteur est ici de créer une complicité avec le lecteur sur le mode de l'humour mais aussi d'annoncer que toutes les vérités peuvent être contredites. L'inquiétude menace, mais nous n'en sommes qu'à la première scène… et le « petit poulet rôti » va aller « faire dodo » avec son petit mari ! (bel effet de décalage entre le registre de langue et le statut social des personnages).

4 – On note que cette illustration n'a que peu de texte. Le dessin semble avoir inspiré Ionesco puisqu'on retrouve le cinéma, un homme, l'eau-de-vie (le gin) et une bouteille de bière rousse. Le journal, en revanche, n'apparaît pas dans l'illustration. L'air enjoué de la jeune femme sur le dessin est repris par le rythme rapide des premières phrases. Le rythme binaire de la troisième phrase avec sa construction en parallélisme et son opposition homme/femme fait sourire le lecteur-spectateur comme la jeune femme de la méthode Assimil.

5 – Proposition de plan de commentaire composé sur les Bobby Watson (scène ɪ).

a. Tempus et tempo : les incohérences temporelles

– Les didascalies*.

– L'amnésie affective.

– L'accélération du rythme.

Conclusion : une scène comique.

b. Contre-vérités et non-sens :

– L'irrespect des conventions sociales

– Truismes* et anglicismes.

– Les oppositions – les antithèses – les incohérences.

Conclusion : une conversation absurde.

c. Derrière la comédie, le tragique

– Une fausse conversation.

– L'identité perdue.

– L'absurdité comme trame de l'existence.

– La parole pour compenser la vacuité de l'existence.

Conclusion générale : le malaise du rire.

6 – Présence du champ lexical de l'enquête (« preuves », « système d'argumentation », « théorie », « coïncidences », « preuves définitives », « ils se trompent ») ; nombreux connecteurs logiques de la déduction (donc, mais tandis que, ainsi) ; rythmes binaires mettant en relation les deux hypothèses proposées (« Mais tandis que l'enfant de Donald a l'œil blanc à droite et l'œil rouge à gauche, l'enfant d'Élisabeth, lui, a l'œil rouge à droite et le blanc à gauche ! », « Il a beau croire qu'il est Donald, elle a beau se croire Élisabeth. Il a beau croire qu'elle est Élisabeth. Elle a beau croire qu'il est Donald ») ; utilisation de la protase* (voir ci-dessus) et de l'apodose* (« ils se trompent amèrement ») ; les interrogations oratoires finales (« Mais qui est le véritable Donald ? Quelle est la véritable Élisabeth ? Qui donc a intérêt à faire durer cette confusion ? »). Le décalage parodique* entre la pièce de théâtre et le roman policier – différencier deux enfants par la couleur de l'œil gauche et de l'œil droit – contribue là encore à créer le comique du texte.

7 – Le pompier n'est pas étranger à la famille, M. Smith avoue que la mère du pompier lui faisait la cour.

Arrêt sur lecture 2 (p. 93)

1 – La réflexion des hommes est théorique, contrairement à celle des femmes qui est empirique. Déductions logiques (« quand… c'est que »), présent de vérité générale, alliance des hommes par la reprise des propos ou par l'acquiescement systématique (« M. SMITH : Il y a quelqu'un. M. MARTIN : Ce n'est pas impossible »), évolution de la tonalité en agressivité (« Oh ! vous, les femmes, vous vous défendez toujours l'une l'autre »).

2 – La répartition des couples est ici très révélatrice : à gauche le couple des personnages extérieurs, la bonne et le pompier, au centre le couple des hôtes, les Smith, et à droite le couple des invités, l'une assise et l'autre debout, les Martin. Les visages des couples bourgeois, ainsi que le geste de la main de M. Smith, marquent une nette hostilité. En revanche, le pompier affiche un franc sourire, en réponse sans nul doute à celui offert par la bonne. La gestuelle fait apparaître ici le jeu des alliances dont parlait Nicolas Bataille dans sa lecture du texte. Cette photo correspond aux retrouvailles du pompier et de la bonne, scène ix (« Heureuse de vous revoir… enfin ! »).

Arrêt sur lecture 3 (p. 118)

1 – Ici, l'amour est vainqueur malgré la différence sociale – Mary est une bonne, le pompier est capitaine. Cependant, ce capitaine n'a pas de feu à éteindre (scène viii) et cette bonne est bien autoritaire et impolie à l'égard des hôtes (scène iii). Mary, jeune femme innocente, est ici persécutée pas ses employeurs (voir les propos désagréables des Smith scènes iii et ix, mais ne se laisse en rien impressionner puisqu'elle finira par réussir à dire son poème. D'autre part, ce personnage, par l'angoisse qu'il suscite, semble bien plus persécuteur que persécuté. Enfin, l'émotion supposée chez un couple d'amoureux lors de retrouvailles n'est sans doute pas celle exprimée ici par un sec et bref : « Heureuse de vous revoir… enfin ! ».

2 – « Prenez un cercle, caressez-le, il deviendra vicieux ! » Ici, Ionesco joue avec l'expression « cercle vicieux » et la dénotation* de l'adjectif « vicieux », ce qui lui permet d'introduire la notion de caresse. Afin de mettre en valeur ce jeu de mots, il crée un rythme ternaire et un effet d'écholalie* en [s].

3 – « J'aime mieux tuer un lapin que de chanter dans le jardin. » La reprise anaphorique de « j'aime mieux » fait écho à l'aphorisme* précédent. Là encore, il s'agit d'une comparaison* incohérente qui fait sourire, mais de façon grinçante ; comment peut-on aimer mieux tuer que chanter ? En revanche, l'effet de rythme binaire (8/8) et la rime intérieure en [in] marquent une volonté de la part de l'auteur de jouer avec la matière verbale.

« J'aime mieux pondre un œuf que voler un bœuf. » Là encore, l'anaphore* tisse le lien avec l'aphorisme* précédent. Cette phrase repose sur la parodie* d'un proverbe célèbre – « qui vole un œuf vole un bœuf » – en conservant la deuxième moitié de la phrase et la rime intérieure. L'affirmation de M. Martin fait sourire, mais inquiète aussi. En effet, comment un humain peut-il prétendre pondre un œuf ? On note un crescendo dans le non-sens de ces trois aphorismes*. Les personnages sont bien aux portes de la folie.

4 – Dans le texte, on remarque : « cacade » et « cascade », « cactus » et « cocus », « Bouge pas la babouche », « la mouche bouge » et « mouche ta bouche », « escarmouché » et « Scaramouche », « le pape dérape », « Bazar, Balzac », « bizarre, beaux-arts ». Cette figure de style s'appelle une paronomase*.

Glossaire

Allitération : répétition d'une même consonne ou de consonnes voisines. Elle produit une harmonie imitative ou suggestive.

Allocutaire : destinataire d'un message produit par le locuteur dans une situation de communication.

Anaphore : répétition d'un même mot, ou d'un même groupe de mots, en tête de phrase ou de membre de phrase. Il s'agit d'un procédé d'amplification rythmique.

Aphorisme : formule, maxime.

Apodose – Protase : période (phrase complexe qui constitue une unité logique, une unité de souffle) qui a un rythme particulier : elle est composée d'une partie ascendante, la protase, et d'une partie descendante, l'apodose. *Ex.* : « Si j'allais au restaurant [protase], je serais content [apodose]. »

Assonance : répétition de sons de voyelles identiques. Elle produit une harmonie imitative ou suggestive.

Burlesque : le genre burlesque traite un sujet noble avec un style bas et des personnages vulgaires.

Cacophonie : rencontre de sons désagréables ou ridicules dans le discours ; assemblage confus de voix.

Cathartique : du terme grec *katharsis*, qui signifie « purification ». Aristote a fait de la catharsis un élément essentiel de sa conception de la tragédie : celle-ci aurait pour mission de purifier les passions des spectateurs par la représentation d'actes vertueux au théâtre. L'effet cathartique est cette purification de l'âme.

Cerne : trait épais qui marque le contour d'un objet.

Comparaison : effet qui consiste à rapprocher deux termes (le comparé et le comparant) grâce à un élément qu'ils ont en commun. La comparaison explique une image et relie deux univers.

Dénotation : sens premier d'un mot en dehors de toute interprétation subjective.

Didascalie : indication de décor et de jeux de scène prévue par l'auteur.

Écholalie : répétitions automatiques de paroles d'un interlocuteur qui produit des effets de jeux sonores.

Intertextualité : présence d'un texte dans un autre texte sous la forme de citations ou d'allusions. Cela suppose la complicité intellectuelle du lecteur.

Jussif (jussive au féminin) : se dit d'un énoncé exprimant un ordre, sans nécessairement utiliser le mode impératif.

Locuteur : celui qui émet un message dans une situation de communication, à destination d'un allocutaire.

Logorrhée : flux de paroles inutiles.

Métadiscours : discours qui parle de son propre discours.

Métaphore (filée) : assimilation entre deux termes. Comparé et comparant sont rassemblés dans un même énoncé sans terme de comparaison. Si la métaphore est développée par plusieurs termes et tisse le texte, on dit qu'elle est filée.

Néologisme : mot nouveau, ou sens nouveau d'un mot.

Occurrence : apparition d'une unité linguistique (mot, groupe verbal…).

Onomatopée : mot formé par un procédé phonétique qui est censé imiter le son de la chose dont on parle.

Parodie : détournement ou transformation d'un texte particulier. La parodie suppose la complicité intellectuelle du lecteur.

Paronomase : association de mots de sons très proches mais de sens très différents.

Phonème : plus petite unité distinctive de son.

Pléonasme : redoublement d'une idée dans deux mots d'un même membre de phrase.

Protase : voir apodose.

Référent : réalité à laquelle renvoie un mot.

Scories : résidu, partie médiocre.

Sémantique : étude du langage considéré du point de vue du sens. Champ sémantique : ensemble de mots et de notions qui se rapportent à un même thème.

Syllogisme : raisonnement déductif rigoureux en trois temps. Exemple : « Tous les hommes sont mortels / *or* je suis un homme / *donc* je suis mortel. » La rigueur apparente de la démonstration ne la rend pourtant pas systématiquement valable : « Les chats sont mortels / *or* Socrate est mortel / *donc* Socrate est un chat. »

Truisme : évidence.
Vaudeville : il s'agit d'une comédie légère, divertissante, pleine d'intrigues et de rebondissements, apparue au XIXᵉ siècle.

Petite bibliographie

Pour continuer à lire Ionesco

La Leçon, Paris, Gallimard, coll. « Folio » n° 236 ou « Folio théâtre » n° 11.
Jacques ou la soumission, dans les *Œuvres complètes*, tome I, Paris, Gallimard, 1954.
Les Chaises, Paris, Gallimard, coll. « Folio » n° 401 et coll. « Folio théâtre » n° 32.
Notes et contre-notes, Paris, coll. « Folio essais » n° 163.

Pour les plus avertis

Simone Benmussa, *Ionesco*, coll. « Théâtre de tous les temps », Seghers, 1966.
Claude Bonnefoy, *Entretiens avec Ionesco*, Paris, Belfond, 1966, repris sous le titre *Entre la Vie et le Rêve*.
Michel Corvin, *Le Théâtre nouveau en France*, Paris, PUF, 1995.
Gilles Ernot, dans *Lectures de Ionesco*, Paris, L'Harmattan, 1996.
Martin Esselin, *Le Théâtre de l'absurde*, Paris, Buchet-Chastel, 1963.
Eugène Ionesco, *Journal en miettes*, Paris, Mercure de France, 1967, Gallimard, coll. « Folio essais » n° 211.
Emmanuel Jacquart, *Le Théâtre de dérision : Beckett, Ionesco, Adamov*, Paris, Gallimard, 1974.
Gilles Plazy, *Eugène Ionesco*, Paris, Julliard, 1994.

TABLE DES MATIÈRES

Dans la même collection

Pour plus d'informations :
http://www.gallimard.fr
ou
La bibliothèque Gallimard
5, rue Sébastien-Bottin – 75328 Paris Cedex 07

Cet ouvrage a été composé
et mis en pages par In Folio à Paris,
achevé d'imprimer
par Novoprint
en mai 2007.
Imprimé en Espagne.

Dépôt Légal : mai 2007
1er dépôt légal : août 1998
ISBN 978-2-07-040578-7